# Plat P28 ぷらっと

# 台南
# TAINAN

JN050142

TODO LIST ☑

GOURMET

SHOPPING

AREA GUIDE

SHORT TRIP

HOTEL RELAXATION

INFORMATION

地球の歩き方編集室

# CONTENTS

地球の歩き方　**P28** ぷらっと
# Plat 台南 TAINAN

## 14 THINGS TO DO ☑ IN TAINAN

# 9 台南でしたいこと＆でしかできないこと

# TAINAN
## AREA NAVI

台湾最古の都である台南は、1624年にオランダが統治して開拓され、2024年に400年を迎える。観光の中心は台南駅（台南車站）周辺と安平で少し足を延ばすと、のどかな風景や博物館、観光工場なども点在。グルメはもちろん、まだ知らない魅力あふれる台南を満喫しよう！

バラエティ豊富で散策が楽しいエリア

## B 赤崁樓周辺
ツーカンロウ　▷ P.086

オランダが占領した時代から台南を見守り続けている赤崁樓（P.87）や各種寺院、細い路地にショップやバーが点在する新美街（P.86）や神農街（P.90）など新旧が融合するエリア。

史跡や博物館が集中するエリア

## C 台南孔子廟周辺
タイナンコンズーミャオ
▷ P.012

台湾最古の孔子廟（P.12）や鄭成功を祀る延平郡王祠、台南みやげが並ぶ林百貨（P.20）、台南市美術館2館（P.30）や國立台湾文學館（P.32）など美術館や博物館も多い必訪エリア。

台湾の歴史はここからはじまった！

## A 安平 アンピン　▷ P.092

1624年、オランダがゼーランディア城（現在の安平古堡P.92）を築いて開発がはじまったエリア。台湾のルーツを探れる史跡が数多く残る。夕日鑑賞やナイトスポット（P.37）もおすすめ。

僕が台南を案内するよ！

### 台南市の観光大使を務める魚頭君と台南旅行へGO！

魚頭君（Sababoy）は、台南名物の虱目魚（台湾語でサバヒー。別名ミルクフィッシュ）の頭がモチーフ。生まれ育った台南七股の養殖場を離れて、台南の魅力を発信している！

**台南市政府觀光旅遊局**
公式HP URL www.twtainan.net
Instagram URL www.instagram.com/tainantravels/

## 台南中心部

D
★
台南駅

### 地元の人が通う穴場が点在する
# D 台南駅（台南車站）後站
タイナンチョーチャン ホウヂャン

國立成功大學がある台鐵台南駅の東側エリア。2021年4月に後站の臨時駅舎が設置。タクシー乗り場もある。学生向けのリーズナブルな飲食店や、地元住民が普段使いをする穴場が点在する。

---

### 歴史的建築が点在する塩作りの里
# E 鹽水 イェンシュェイ　P.096

鹽水八角樓（P.96）など伝統的な建築が点在し、お散歩が楽しいエリア。名産は鹽水意麺。中心部から車で約40分の井仔腳瓦盤鹽田（P.52）は夕景スポットとして人気が高い。

### かわいい漁師バッグや米の産地
# F 後壁 ホウビー　P.053

清朝統治時代、菁寮老街（P.53）は嘉義へ向かう際の重要な宿場町だった。台湾でブームになり日本でも話題となった台湾ドラマ『俗女養成記』のロケ地として知られている。

### エメラルドグリーンの湖面が美しい
# G 官田 グワンティエン　P.050

日本統治時代に日本人の八田與一技師が監督した烏山頭ダムがあるエリア。八田與一紀念園區（P.50）でその歴史を学ぶことができる。秋の味覚・菱角（オニビシ）の産地としても知られている。

### 愛文マンゴーのふるさと
# H 玉井 ユージン　P.094

日本にもファンが多い愛文マンゴーの産地。マンゴーや季節のフルーツが並ぶ市場（玉井青果集貨場.94）は、6月上旬～8月頃になるとにぎわう。ぜひシーズンに出かけてみて！

### 牛肉の産地で絶品牛肉湯を!
# I 善化 シャンホア　P.049

牛肉の産地として知られ、牛の取引所があったことから、新鮮な牛肉が味わえる。毎月9日間だけ開かれる善化牛墟（P.49）では、牛肉湯が味わえるほかフリーマーケットなども並ぶ。

### 美しい新化老街は一見の価値あり
# J 新化 シンホア　P.048

日本統治時代から山間地域への入口として栄えたエリアで、日本人、漢人、平埔族が往来した。新化老街（P.48）は、バロック様式を模した洋館が並び、グルメや買い物を楽しめる。

---

### そのほかのおすすめエリア
台南は全37行政区ある。
上記以外のおすすめスポットをピックアップ!

- ✓ 東山：コーヒー産地として知られ自然豊かな立地（P.75）
- ✓ 麻豆：台湾ブンタンの産地 ▶ Map P.116-B2
- ✓ 關廟：パイナップルと關廟麺の産地。関聖帝君を祀っている ▶ Map P.116-B3

# 台南観光モデルプラン　TAINAN

高雄国際空港で台湾入りして、3泊4日で過ごす台南。
定番の観光スポットはもちろん、台南名物の小吃、郊外にも足を延ばす台南の楽しみ方をご提案！

高雄国際空港と台南市内を70分で結ぶシャトルバス（小港機場快線公車）は運休中。

## DAY 1
### 台南到着後、早速街歩き

**午前　日本発**

*南部の穏やかな空気感*

**15:00　台湾（高雄国際空港）到着**
東京、大阪から直行便あり。

**17:30　台鐵台南駅 到着**
空港から台南市内へはP.108参照。

**17:45　ホテルにチェックイン ▷P.98**

**18:00　神農街をお散歩 ▷P.90**
幻想的にライトアップした道に、雑貨店やバーが並ぶ。

**19:30　裕成水果行で旬のフルーツに舌鼓 ▷P.18**
台南といえば、やっぱりハズせないフルーツ！

**21:30　POYA寶雅 台南小門店でコスメ調達 ▷P.72**
おみやげはもちろん、早速使えるコスメをゲット。

## DAY 2
### 王道スポット&台南小吃を堪能

**7:30　國華街で朝ご飯！ ▷P.82**

気になる店が多くて迷う！

**8:30　赤崁樓&祀典武廟で歴史建築を見学する ▷P.11 ▷P.87**
台南中心部の必訪スポット。古跡限定みやげも購入。

*恋愛の神様にもご挨拶*

**11:30　ノスタルジックな安平へ ▷P.92**
*写真を撮る手が止まらない*

安平古堡や安平老街を散策する。

**16:00　布問屋が並ぶ路地で激かわみやげ購入 ▷P.68 ▷P.69**
路地にある錦源興、年繡花鞋へ。

*自分用に大人買い*

**18:00　ローカル感たっぷりの武聖夜市 ▷P.35**
夜市名物のアーチェリーはハズせない！

## DAY 3

少し足を延ばして郊外へ

**7:00**
**阿憨鹹粥で**
**朝ご飯** ▶P.15

台南中心部の朝食
店へ。胃に優しいサ
バヒー粥で1日をス
タート。

**9:30**
**『俗女養成記』のロケ地、後壁・菁寮老街へ**
▶P.53

台南駅から台
鐵&バスに乗っ
てアクセス。

ドラマの
世界観
そのまま

**14:00**　**伝統的な建築が残る鹽水にも**
　　　　　**足を延ばす** ▶P.96

菁寮老街から鹽
水老街まではタク
シーで16分。

**18:00**　**台南後站エリアで台南牛を満喫** ▶P.64

永林綜合料理は各種
台湾料理も楽しめる。

新鮮な
台湾牛!

まったり
過ごす

**20:00**
**夜カフェで**
**のんびり過ごす**
▶P.36

沒有咖啡の夜食&
スイーツは絶品!

## DAY 4

最終日はマッサージ&買い物

**7:30**
**鴨母寮公有零售市場**
**で朝ご飯** ▶P.26

場内は座って食べられる
店も多く朝食にぴったり。

**11:00**　**矮仔成蝦仁飯で蝦仁飯をペロリ** ▶P.56

お店がある保安街は美食が並ぶストリート。

**12:00**　**林百貨でおみやげをまとめ買い!** ▶P.20

バラマキに
ぴったり!

オリジナル商品や台湾
各地の良品がずらり

**14:00**
**壹二茶堂にて台湾茶で**
**ほっとひと息**
▶P.74

質のよい茶葉やセンスの
よい茶器はここで。

**16:00**
**東來高級理髮廳で**
**極上マッサージ**
▶P.54

旅の疲れはすべて
ここでリセット!

台南から高雄のホテルへ移動。翌日の飛行機で帰国。

Tainan　7

# 本書の使い方

本書は、エリアナビ、モデルプラン、TO
DO LIST、グルメ＆ショッピングガイド、
エリアガイド、ホテルリスト、旅の基本
情報、MAPによって構成されています。

**\Check!!**

**Column**

### 知っていると便利な情報

町歩きがいっそう楽しくなる、コ
ラムやチェックポイント、時間
があれば訪れたいエリア、近
郊の見どころを載せています。

**Start!**
1
2
3
**Goal!**

### おすすめコースと歩き方ルートを紹介

ポイントをおさえながら回る散策ルートを所要時間とともに紹介しています。

---

### はみだし情報

旅に役立つ補足情報やア
ドバイス、台南の町に詳し
くなる雑学、口コミネタな
どを紹介しています。

### エリアの特徴を紹介

各エリアの特徴や
楽しみ方、どこと
一緒に回るとよい
かなどを簡潔にま
とめました。

### 電話番号について

本文中では台南市外局番（06）か
ら掲載しています。本書に掲載した
地域はすべて06エリアに含まれる
ため、台南から電話する際には市
外局番は不要です。06エリア外、携
帯電話からかける場合は、市外局番
（06）を付けてください。

### 表記について

台湾では、原則的に漢字（繁体字）
が使用されています。繁体字であって
も、本来の正字のほか、日本の常用
漢字と同じ文字が使われていることも
あります。本書では、見どころや店名な
どを表記する際、原則として日本漢字
で表記しました。一部例外もあります。

---

## アイコンの見方

- 📷 観光スポット
- 🍴 レストラン
- ☕ カフェ
- 🛍 ショップ
- 🍸 バー
- 🍰 スイーツ
- 🏨 ホテル
- ⛩ 寺院・廟
- 🎨 アート

## データの見方

- 🏠 住所
- 📞 TEL
- 🕐 開館時間、営業時間
- 休 休館、休日日。大晦日
  を含め旧正月（春節）
  に1日でも休みがある
  場合「旧正月」と表記

- URL URL
- 交 交通アクセス
- Card クレジットカード
- A アメリカン・エキスプレス
- D ダイナースクラブ
- J JCB
- M マスター
- V ビザ

- 料 入場料、宿泊料など
- 税&サ 税金＆サービス料
- 日Menu 日本語メニューあり
- 日本語 日本語OK

**ホテル 部屋のタイプ**
- Ⓢ シングル
- Ⓣ ツイン
- Ⓦ ダブル
- Ⓓ ドミトリー

---

※本書は2023年2月〜4月の取材データに基づいて作られています。正確な情報の掲載に努めていますが、ご旅行の際は必ず現地
で最新情報をご確認ください。また掲載情報による損失等の責任を弊社は負いかねますのであらかじめご了承ください。

# **14** THINGS TO DO IN

# TAINAN

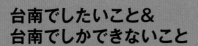

## 台南でしたいこと&
## 台南でしかできないこと

絶品小吃にパワスポ巡り、古民家カフェ、ナイトスポット……。
ローカルが通う市場や路地裏、郊外にも足を延ばす!
まだ知らない台南を満喫できる、14のテーマはこちら。

良縁の神様

# 台南パワースポット巡り

## 運気アップ間違いなし！

台南は、寺廟の数が台湾で第二位の1613軒（2019年時点）！ 散策しているとよく廟を見かける。

1万5000軒以上もの
寺廟があるという台湾。
道教をはじめとするさまざまな神様は、
台湾の人々の
心のよりどころとなってきた。
あちらこちらで神様に出会える
台南で、運気アップ！

恋愛トラブルならここへ！

### 重慶寺 チョンチンスー

1721年に創建、1778年に再
建された廟で、もとは禅寺で
あった。主神は観世音菩薩。
ここの月下老人は、恋愛トラ
ブルの解決を得意とする。悩
みを速達で神様に届けてくれ
る「速報司」の前に置かれた
「醋矸（ツウガン）」をかき混ぜ
て願えば復縁を祈願できる。

▶ Map P.123-C2

🏠 中西區中正路5巷2號 📞 06-
223-2628 🕐 7:30〜18:00 🚫 無
休 💰 無料 🚇 台鐵「台南」駅
前站の北站から2バスで約6分、「孔
廟」下車徒歩約3分

光明灯は願いを込めるキャ
ンドル。1ヵ月で200元で火を
ともし続けてくれる

## ❖恋の神様・月老公とは？

月下老人の誕生日である旧暦6月2日にはイベントが行われることも！

月下老人（月老公）は、中国唐時代の故事が由来になっている恋愛の神様。将来結ばれる未婚の男女に赤い糸を授けて縁を結ぶと伝わる。重慶寺、祀典大天后宮、祀典武廟、大観音亭は「台南4大月下老人」といわれている。お礼参りもお忘れなく。

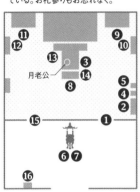

月老公

### 参拝の流れ

**①** 建物右端の門から入る。敷居（門の下に敷いてある横木）は踏まないように

**②** 金紙、線香代を香油箱へ。金額の指定がない場合、100元を入れると安心

**③** 神様に捧げる金紙を中央の台へ置く。菓子などのお供え物がある人も置く

**④** 線香を炉の数だけ（重慶寺は7本）取る。赤く塗られたほうを手に持つ

**⑧** 本殿中央へ。観世音菩薩など仏教の神様が並ぶ。自分のペースで参拝を

**⑦** 香炉に線香を3本立てる。少し上から線香を離せばやけどすることはない

**⑥** まずは天公炉へ。3度礼をし、名前、住所、生年月日、願いごとを心で念じる

**⑤** バーナーを点火し、線香に火をつける。バーナー使用後は火を消しておく

**⑨** 本堂右側から参拝。道教の「西嶽大帝」は中国に伝わる有名な山の神様

**⑩** 「功徳司」は神様に仕え廟を守る存在。修功徳や管理を行っている

**⑪** 女性に関わるあらゆる悩みは「臨水夫人」へ。「註生娘娘」は子授けの神

**⑫** 「速報司」醋矸を右に3回回すと永遠の愛、左に3回回すと復縁が叶う

**⑯** 屋外にある小さな香炉に線香を2本立てたら終了。本堂に一礼して出る

**⑮** 本堂正面左端にある門から外へ出る。ここでも敷居を踏まないよう注意

**⑭** 中央の台の下にも神様が！参拝後、台上にある香炉に線香を2本立てる

**⑬** 「月下老人」へ。ここで神様の意向をうかがう擲筊（ポエ→P.13）をする人が多い

---

## ❖そのほかの良縁最強廟

「台南4大月下老人」のほか3軒はこちら。「大観音亭」は駅から徒歩圏内。「祀典大天后宮」と「祀典武廟」は赤崁楼（P.87）エリアにあり、ご近所なので一緒に回れる。それぞれに歴史が深く、建築もすばらしいので、まとめて良縁祈願を！

### 台湾最古の媽祖廟として有名
**祀典大天后宮**
スーディエンダーティエンホウゴン

1684年に海の神様である媽祖が持ち込まれたことがはじまり。国家一級古跡に指定されている。月下老人像の歴史も古い。

国内外300組以上のカップルが成就した

**Map** P.123-C1

🏠 中西区永福路二段227巷18號　📞 06-222-7194　🕐 6:00〜21:00　休 無休　料 無料　🚉 台鐵「台南」駅前站の北站から3または5バスで約4分、「赤崁樓」下車徒歩約2分

### 月下老人に手紙を出せる
**祀典武廟**
スーディエンウーミャオ

1665年創建。国家第一級古跡に認定されている。台湾各地にある関帝廟の総本山で、主神は学問や商売の神様である関羽。

ポストがあり月下老人に手紙を送れる

**Map** P.123-C1

🏠 中西区永福路二段229號　📞 06-229-4401　🕐 5:30〜21:00　休 無休　料 無料　🚉 台鐵「台南」駅前站の北站から3または5バスで約4分、「赤崁樓」下車徒歩約1分

### 強力な神通力で運命の人を導く
**大観音亭**
ダーグアンインティン

1678年創建。観音菩薩を祀る仏教寺院で、台湾で最も古い観音堂がある。入口に立つご神木にお守りがかけられている。

「月下老人界の首位打者」と呼ばれる

**Map** P.120-B1

🏠 北区成功路86號　📞 06-228-6720　🕐 5:00〜21:00　休 無休　料 無料　🚉 台鐵「台南」駅北站から徒歩約11分

300年以上の歴史がある最高学府

# 台南孔子廟
タイナンコンズーミャオ

1665年、人材育成のために創建された台湾最古の孔子廟。儒教の創始者である孔子を祀るとともに、儒教を広めるための学問所でもある。四方を朱色の壁に囲まれた敷地は約9000㎡あり、伝統的な閩南建築で建てられている。

▶ Map P.123-C3

🏠 中西區南門路2號 📞 06-221-4647 🕐 8:30〜17:30（大成門エリア8:30〜17:00）❌ 無休 💴 無料（大成門エリア40元）🚃 台鐵「台南」駅前站から徒歩約16分

台南孔子廟の敷地内や隣の公園では、野生のリスに出合えることが多いので探してみて！

学問の神様

有料エリア

西大成坊

南門路

義路

入徳之門

禮門

泮池

泮宮石坊

東大成坊

園内は緑が多く心地よい

### ❶ 下馬碑

入口にある下馬碑は、孔子廟に敬意を表するために下馬するよう命じる碑文を刻んだ石碑。清朝時代の公用語、漢文と満州語で記載がある

### ❷ 文昌閣

1715年に創建された3階建ての建物。学問の神様である文昌帝君や魁星帝君を祀り、科挙（中国官吏の採用試験）の受験生に崇拝された

### ❸ 明倫堂

昔の教室。学生を取り締まる規則を刻んだ臥碑や、孔子廟建設の際の建築図が彫られた石などが置かれている。壁の文字に目が奪われる

### ❹ 大成門

敷地の中央に位置する大きな門。ここからは有料40元となる。中央の正門は普段は閉ざされ、春と秋に行われる年2回の大祭時のみ開かれる

### ❻ 崇聖祠

孔子廟を建てた陳永華の像や孔子廟の歴史、伝統儀式、建築様式などを写真付きで展示している。日本語での詳しい解説表記もある

### ❼ 東廡・西廡

礼楽用の伝統的な楽器が収納されているほか、著名な儒学者たちの位牌が並べられている。楽器はそれぞれ意味と名前をもつ

### ❺ 大成殿

孔子の位牌が祀られている。天井には歴代皇帝や戦後の台湾総統から贈られた匾額がある。孔子の誕生日9月28日には多くの人が訪れる

**1** 子日文昌石200元
**2** 孔子スナック40元。スパイシー味も

### ❽ 紀念品服務部

ギフトショップ。学業成就のお守りとして人気の子日文昌石。地元の土に文昌帝君の香炉灰を混ぜて手作業で形成し、1200度で焼き上げている

# 廟にまつわるエトセトラ

## ❖ 台湾の廟にもおみくじがある

台湾の廟では、尋ねたい神様の前でポエ（擲筊）という道具を使って、おみくじ（籤）を引き、神様の意向をうかがう占いがある。無料で体験できるので、チャレンジしてみて！

① 赤い牌（ポエ）を2枚取り、平らな面を合わせて持つ

② 名前、年齢、住所、質問を心で唱えて杯を地面に落とす

裏側と裏側は「不明」。もう一度杯を落とす。3回まで挑戦できる

③ 表側と表側は「NO」。質問内容に価値がないという意味なので違う質問を

④ おみくじ札から1枚を選び、問題ないか杯で確認する

⑤ 「YES」が出たら番号の表を取る。「NO」は再度くじ札を引く

表側と裏側は「YES」。おみくじを引く許可が出たので、④へ進もう！

## ❖ 台湾の歴史はここからはじまった!?

### 鹿耳門天后宮　ルウアルメンティエンホウゴン

鹿耳門は、1661年に鄭成功率いる軍艦がたどり着いたとされる場所。オランダ撤退後、鄭成功が上陸した場所に媽祖廟を建てたとされる。1977年に改築され、古代伝統様式は一見の価値あり！

**▷ Map P.116-A3**

住 安南区媽祖宮一街136號
電 06-284-1386　時 6:00～21:00　休 無休　料 無料　交 台鐵「台南」駅前站の南站から10バスで約1時間18分、「鹿耳門天后宮」下車徒歩約2分

旧正月や媽祖の誕生日などは多くの人が集まりにぎわう

## ❖ 台南の人々は、旧暦1月9日はここに集まる

### 台湾首廟天壇（天公廟）　タイワンショウミャオティエンタン（ティエンゴンミャオ）

1 玉皇大帝の誕生日である旧暦1月9日は毎年多くの人が参拝する
2 台南中心部に位置し、アクセスしやすい

1854年に創建され、鄭成功が祭事を行っていた歴史ある廟。何度も改築が行われてきたが、廟内には数々の貴重な古文物が残されており、特に台南3大名扁に並べられる「一」の字の扁額は必見！

**▷ Map P.123-C2**

住 中西区忠義路二段84巷16號　電 06-222-7983　時 6:00～21:00（旧暦1月9日は24時間）　休 無休　料 無料　交 台鐵「台南」駅北站から徒歩約16分

## ❖ 変身写真体験ができる廟がある

### 正統鹿耳門聖母廟 宮廷古風攝影棚　チェントンルーアルメンションムーミャオ ゴンティンフォンシーインポン

巨大な神将像などアジア最大級の廟。北京の紫禁城を模した宮殿建築の中で、漢服を着て記念撮影ができる。自撮りは300元～、カメラマンが付く本格的なプランは要予約で1280元～。

**▷ Map P.116-A2**

住 安南区城安路160號 西側大樓2F　電 06-257-0153　時 9:30～17:30　休 火　料 衣装レンタル60分300元～　交 台鐵「台南」駅前站の南站から11バスで約47分、「聖母廟」下車徒歩約4分

まるで映画の世界に飛び込んだような気分を味わえる

## ❖ 生活に根付く民族宗教、旧日本軍人を祀る廟

### 飛虎将軍廟（鎮安堂）　ひこしょうぐんびょう（ヂェンアンタン）

戦時中に落命した杉浦茂峰を祀る。米軍との戦闘機戦で杉浦氏の飛行機が攻撃を受けて墜落するなか、すぐに脱出せず村を避けて墜落、命を落とした。台湾は船なども神様として祀られていることがある。

毎日「海行かば」「君が代」が流れる

**▷ Map P.116-B3**

住 安南区大安街730-1號　電 06-247-8884　時 6:00～21:30　休 無休　料 無料　交 台鐵「台南」駅前站の南站から11バスで約25分、「埤圳邊」下車徒歩約7分

# TODO LIST 02
### Xiaochi

## 気軽にサクッと楽しめる
# 台南伝統の小吃をハシゴ

台北ではなかなか味わえない新鮮な台湾牛や虱目魚（サバヒー）、タウナギをはじめ、台南でしか味わえないメニューも登場！ のんびりとした南部ならではの店内で、絶品メニューをいただこう。

### 小吃とは
小吃＝軽食のこと。ひと皿の量が少ないため、他のメニューや他店にハシゴもできる。台南は小吃店が無数にあるので、開拓が楽しい！

### 牛肉湯 ニョウロウタン
台南は台湾牛の産地として有名であり、産地直送の生肉に、アツアツのスープをかけて食べる牛肉湯（牛肉スープ）の店が点在している。スープは、牛骨や野菜を煮込んだすっきりとした味わいで、朝ご飯の定番となっている。

牛骨
＋
野菜スープ

牛肉

まずは何も付けずにそのままで。お好みで、スープに米酒を少しかけると味が締まる。牛肉はショウガや辣椒、醤油膏（甘いとろみ醤油）などを付けても○。ここの辣椒は、市販のものと、辛味が強い自家製の「強力椒」がある。「強力椒」は要冷蔵だが購入も可能。130元

牛肉湯（小）120元。白飯or肉燥飯付き。スープは、牛骨と十数種類の野菜を煮込み、他店に比べて味は濃いめ。化学調味料は不使用

1　麻油牛肉湯（中）150元。ゴマ油の香りがやみつきになる牛肉スープ　2　牛肉湯とセットの肉燥飯。単品は25元　3　涼拌牛腩（小）100元。牛バラ肉のあえもの　4　芥藍炒牛肉（小）130元。カイラン炒め　5　麻油炒牛肝（小）150元。ゴマ油の牛レバー炒め

**台南駅徒歩圏内の牛肉湯専門店**
## 西羅殿牛肉湯
シールオディエンニョウロウタン

2代目が切り盛りする人気店。ローカルな雰囲気の店内だが、注文は記入式なので安心。牛肉湯を注文すると、白飯か肉そぼろごはん（肉燥飯）を無料で付けられる。通常の牛肉湯のほか、ゴマ油が効いた牛肉湯や牛肉＆カイラン炒めもおすすめ。

▶ Map P.121-C1

住 北區 公園南路98號　TEL 06-229-4056　営 5:00～13:00（木4:30～）　休 火　Card 不可　Menu 英　交 台鐵「台南」駅前站から徒歩約11分

自慢の味を食べに来て！

店内は地元客を中心に、いつも満席状態。売り切れ次第終了となる

当日解体した新鮮な牛肉が毎日手に入るのは、牛肉の産地・台南ならでは

\Check!!/

魚頭50元。虱目魚の頭を煮込んだもの。身は少ない部分だが、頭部や目玉はコラーゲンが豊富。スープはうま味たっぷり

\Check!!/

虱目魚香腸80元。虱目魚の身のみで作った自家製ソーセージ。まるで豚肉のようなうま味と食べ応えにびっくり！

\Check!!/

魚皮50元。虱目魚の皮。臭みはなく、少し厚みがあるので、プリッとした食感がクセになる。お酒の肴にもよさそう

\Check!!/

魚腸60元。虱目魚の腸、肝、筋をショウガや醤油などと炒めたもの。歯応えがよく、レバーの味わいがおいしい

虱目魚肚粥150元。ツウは油條10元をスープに染み込ませて食べる。魚肚とは腹部のことで、ふっくらした身と脂身のバランスが絶妙

**油條**
揚げパン

**粥**

**虱目魚肚**
（虱目魚の腹部）

**虱目魚** シームーユィー

身がミルクのように白いことから、英語圏ではミルクフィッシュと呼ばれている。台湾では、台湾語で「サバヒー」と呼ばれて愛されており、台湾南部で養殖が盛んなことから、新鮮な虱目魚を味わえる店が多い。

創業77年の老舗で味わう絶品粥
## 阿憨鹹粥
アーハンシエンヂョウ

1946年に創業した虱目魚専門店。毎朝4時に仕入れる新鮮な虱目魚は、臭みがない。お店自慢の虱目魚肚粥は、虱目魚、カキ、ニンニク、タマネギから出汁を取ったスープに、生米を入れて煮込んだ一品。白コショウを少しかけてもおいしい。

▶ Map P.120-B1

住 北區公園南路169號　電 06-221-8699　営 6:10〜14:00　休 水　Card 不可
交 台鐵「台南」駅前站から徒歩約13分

今年80歳の2代目です！

1 虱目魚燥飯30元。脂がのった虱目魚の身を醤油や砂糖などと煮込み、白飯にかけたもの。虱目魚燥飯を注文すると、虱目魚ふりかけがセットで付いてくる
2 3 虱目魚の身を乾燥させてふりかけにしたもの。店頭で購入も可能なので、おみやげにぴったり。1袋20元

駅からも徒歩圏内の広々とした空間。早朝から常連客や観光客でにぎわう。店内には創業者の写真も展示

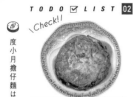

\Check!!
脆皮蚵仔煎140元。店舗限定。カリカリに揚げ焼きした生地に、カキやモヤシがたっぷり入る。日本人好みの味付け

\Check!!
肉燥飯45元。伝統の肉そぼろを白飯にかけた人気メニュー。風味豊かなそぼろは別格。肉そぼろは、缶詰で購入可能。150元

\Check!!
清蒸肉圓120元。数量限定。前からたれに漬け込んだ肩ロース肉の餡をサツマイモ粉と米粉で包み、蒸し上げている

\Check!!
麻香鮮蚵炒豬心220元。新鮮なハツをエンドウ豆、ショウガと一緒に炒めた新メニュー。ゴマ油の香りが食欲をそそる！

度小月擔仔麺は日本語のホームページからオンラインで予約ができる。

**擔仔麺** ダンザイミエン

漁業をしていた創業者が、不漁の時期（小月）に麺を売り始めたのが擔仔麺誕生のきっかけ。最初は天秤棒を担ぎ、屋台のランタンに「度小月擔仔麺」と書いて販売していた。麺の碗は、世代交代のたびに新調されてきた。

香滷鴨蛋
（鴨の煮卵）

卵麺

滷肉
（肉そぼろ煮）

擔仔麺（小）50元＋香滷鴨蛋20元。擔仔麺は、卵麺にエビや豚骨で出汁を取ったスープをかけ、肉そぼろ、ニンニク、エビをのせた看板メニュー

本店にもない店舗限定メニューあり！
## 度小月擔仔麺 中正旗艦店
ドゥウシャオユエダンザイミエン ヂョンヂェンチージエンディエン

1895年創業、擔仔麺（ダンザイミエン）発祥の店。現在は4代目が伝統の味を守り続けている。地元の厳選食材を使い、「ロハス、スローフード」をモットーに、現代の食生活に合わせた台湾料理を開発し続けている。本店までは徒歩5分の距離。台北や中国などにも支店を構える。

▶Map P.122-B2

🏠 中西区中正路101号　📞 06-220-0858　🕐 11:00〜14:00、17:00〜20:00　休 無休　Card JMV　税&サ 10%　🚌 台鐵「台南」駅前站の南站から紅幹線バスで約6分、「林百貨」下車徒歩約1分

1 擔仔米粉（小）50元＋滷貢丸20元。米粉100%のビーフンはコシがあり、卵麺より軽いのでサクッと食べられる。煮込んだ肉団子（滷貢丸）はひと口噛むとうま味が染み出す　2 店内では、擔仔麺の調理風景を見学可能。写真を撮る際はひと言伝えてから撮らせてもらおう　3 スタイリッシュなデザインの看板が目印

トースト
シチュー

## 棺材板 グワンツァイバン

第2次世界大戦後、駐在米軍軍向けの西洋料理を考案していた創業者が作り出したメニュー。もとは「鶏肝板」という名前だったが、大学教授が「石の棺桶に似ている」と言ったことから、棺桶を意味する「棺材板」に。揚げたトーストとシチューが絶妙！

正老牌棺材板70元。香ばしく揚げた食パンとホワイトシチューの相性が抜群！食パンにカレーを入れた咖哩棺材板70元もおすすめ

## 炒鱔魚 チャオシャンユィー

鱔魚（タウナギ）は、温暖な水田などに生息する淡水魚の一種。台南を中心に、台湾南部では炒め物や唐揚げなどにして食べられている。臭みやクセはなく食べやすい。台南では麺などと一緒に甘めのたれで炒めることが多い。

タウナギ

意麺

炒乾鱔魚意麺130元。干しタウナギ、台南名物の意麺、タマネギ、トウガラシを炒めたピリ辛焼きそば。日本人にもファンが多い

赤崁豆腐羹（小）70元。豆腐、豚肉、レバー、イカが入った具だくさんのとろみスープ。甘めの味付けと酢の酸味がおもしろい

**家族経営のアットホームなお店**
# 赤崁棺材板 チーカングワンツァイバン

1935年創業。現在は3代目がお店を切り盛りしている。看板メニューの「棺材板」は、注文を受けてからトーストを揚げるのでサクサク。ホワイトシチューは、どこか懐かしい味わい。ナイフとフォークでいただくのがこちらのスタイル。

▶Map P.122-A3

🏠 中西区中正路康樂市場180號　📞 06-224-0014
🕐 11:00～20:30　🚫 不定休　💳 不可　🚃 台鐵「台南」駅南站から88バスで約9分、「中正海安路口」下車徒歩約1分

1 温かく迎えてくれる邵油理さん。16歳でここに嫁ぎ、ずっとお店を支え続けてきた
2 地元で老若男女に愛される店　3 メニューは写真付きで見やすい　4 康樂市場はかつて沙卡里巴（サカリバ）と呼ばれにぎわっていた

マンゴーは食べ過ぎるとアレルギーで皮膚炎になることがあるのでご注意を！

## マンゴーの種類

青果店が点在する台南では、マンゴーがおいしい6〜8月頃になると、地元産の愛文マンゴーが出回る。台北より安くて新鮮！

### 愛文芒果
台南と屏東が産地で、「アップルマンゴー」とも呼ばれる

### 金煌芒果
熟成度8分目で収穫するため少し置いて食べるとよい

### 烏香芒果
海外から持ち込まれた品種。押して少しへこむと食べ頃

### 夏雪芒果
さわやかな甘さ。マンゴー界のルイ・ヴィトンと呼ばれる

# TODO LIST 03
## Sweets

### 旬のフルーツ＆台南伝統菓子を
# かき氷で！

おいしくて安価で手に入る台湾フルーツ。特に南部は産地直送の青果店が点在し、かき氷や搾りたてのジュースを味わえる。地元の伝統菓子を使ったユニークなかき氷にも注目！

マンゴーたっぷり!!

## 裕成水果行
ユィーチョンシュェイグオハン

数ある青果店の中でも確かな目利きに定評があるこちら。信頼のおける15軒の契約農家から上質なフルーツを仕入れている。カットフルーツ（切盤）やフルーツジュース（果汁）メニューも豊富。

▶Map P.122-B2

🏠 中西區民生路一段122號　📞 06-229-6196
🕐 12:00〜24:00　休 月　Card 不可　🚇 台鐵「台南」駅前站の南站から紅幹線バスで約4分、「林百貨」下車徒歩約2分

カラフルでかわいい店内は冷房が効いている

新鮮芒果牛奶冰200元。ミルク味のかき氷に、マンゴー2個分の果実やアイスものったボリューム満点の一品。2〜3人サイズ。プリン30元を追加しても美味

小ぶりでちょうどいい！

杏仁紅豆牛奶冰65元。なめらかな杏仁豆腐と、甘さ控えめなアズキの相性が抜群！

水果布丁牛奶冰100元。ミルクかき氷に旬のフルーツとプリン

## ひとり用サイズがうれしい！
# 奇異果子
チーイーグオズー

旬のフルーツを使った各種メニューのほか、手作りの杏仁豆腐、ご飯や麺類などの台湾家庭料理まで揃う。化学調味料は不使用なので安心。

▶Map P.123-C3

🏠 中西區府前路一段183號　📞 06-214-5375　🕐 11:00〜20:00　休 無休　Card 不可　🚇 台鐵「台南」駅前站の北站から2バスで約9分、「建興國中」下車徒歩約1分

食事時になると地元客でにぎわう。店内は清潔でアットホームな雰囲気

## フルーツ暦

| | |
|---|---|
| **●ほぼ通年** | |
| グアバ（芭樂） | |
| スイカ（西瓜） | |
| バナナ（香蕉） | |
| **●春〜秋** | |
| ライチ（荔枝） | 4〜8月 |
| マンゴー（芒果） | 5〜8月 |
| 龍眼 | 7〜9月 |
| ドラゴンフルーツ（火龍果） | 6〜10月 |
| パパイヤ（木瓜） | 7〜10、2〜3月 |
| パイナップル（鳳梨） | 6〜9、2〜3月 |
| パッションフルーツ（百香果） | 6〜12月 |
| **●冬** | |
| バンレイシ（釈迦） | 11〜4月 |
| キンカン（金柑） | 11〜3月 |
| ナツメ（棗子） | 11〜3月 |
| レンブ（蓮霧） | 11〜6月 |
| イチゴ（草苺） | 1〜3月 |

\フォルムが
かわいい♡/

\Check!/

## 椪餅
ポンビン

小麦粉に砂糖やゴマ油を練り込んで作られた台南伝統菓子。薄い皮の内側に黒糖が塗られていることから栄養価が高いとされ、昔は出産後に生卵を入れて焼いたものを食べる習慣があった。

\椪餅は店内で
購入も可能/

**沖縄黒糖×安平椪餅** 160元
エアリーなふわふわ食感のかき氷に、沖縄県産の黒糖シロップ、リコッタチーズ、大豆粉をかけ、安平「味芝郷」の椪餅をのせている。氷の中は、台湾萬丹産のアズキやアッサム紅茶ゼリーが入る

\台南伝統菓子が
おしゃれに変身！/

\Check!/

## 原味小餅乾
ユエンウェイシャオビンガン

台南に店舗を構える「章成餅乾」のビスケット。甘さ控えめで、クリーミーな風味。軽いサクサク食感が楽しめ、どこか懐かしい味わい。シンプルな食材で作られ、防腐剤や化学調味料は不使用

1 店内のアンティーク雑貨は購入可能
2 3 白とウッドを基調としたナチュラルなカフェ空間

**大地香料奶茶×
章成餅乾** 160元
ミルクティー風味のかき氷に、リコッタチーズ、ビスケットを粉砕した粉、ビスケットをトッピング。氷の中にはアッサム紅茶ゼリーが入る。モチモチの白玉はお口直しにぴったり

\期間
限定！/

**巧遇莓好** 270元
バレンタイン（情人節）シーズン限定のかき氷。ダークチョコレート風味のかき氷に、甘酸っぱいイチゴ、クリーム、砕いたアーモンド、「FERRERO ROCHER」のチョコレートがのる

見た目にもおいしい創作かき氷

# 小島飲刨×古物販售
シャオダオインパオ×グーウーファンショウ

2022年に移転オープン。店主のYoYoさんが作り上げる創作かき氷は、厳選食材を使い、特に黒糖は風味の違う日本産と台湾産を使いわけるこだわりよう。台湾茶やコーヒーなどのドリンクメニューも充実。夏はマンゴーのかき氷が登場する。

▶Map P.122-B1

住 中西區和平街43號 電 0908-076-630
開 11:30～18:00 休 火、水 Card 不可
交 地鐵「台南」駅前站の北站から5バスで約4分、北站から18延バスで「西門民權路口」下車徒歩約2分

\天然の
甘さ！/

4 注文を受けてから作るので少し時間がかかる 5 ドライフルーツ（トマト、パインほか）110元も人気。店主の友人によるもの

\台南風味の
かき氷をぜひ/

\創作だんご！/

**炙燒起司海苔** 120元
台湾米を使ったモチモチのだんごに、濃厚チーズとノリをトッピング。温かいお茶と一緒に。だんごは、ユズ味噌（柚子味噌）やチョコレート（巧克力）など6種類

# TODO ☑ LIST 04
## 04
Shopping

歴史が詰まったデパート
# 林百貨で限定みやげをゲット

台南の中心部に位置するレトロなデパート。
おみやげにちょうどいいアイテムが並ぶほか
カフェやフォトスポットまである充実ぶり。
歴史を伝える日本語表記もあちらこちらに！

夜は21時まで営業しており、日中に比べて人が少ないので快適に買い物ができる。

質のよい台南みやげはこちらへ！
## 林百貨 リンバイフオ

日本統治時代の1932年に開業したデパート。第二次世界大戦中に閉店後、80年の時を経て2014年にリニューアルオープンした。館内には、オリジナル商品をはじめ、台湾各地の厳選みやげが並ぶ。カフェで休憩もおすすめ。

▶ Map P.122-B2
🏠 中西區忠義路二段63號　📞 06-221-3000
🕐 11:00～21:00　休 無休　Card AJMV　🚇 台鐵「台南」駅前の南站から1バスはかで約4分、「林百貨」下車徒歩約1分

開業当時の制服を再現しています

外観は開業当時のまま。夜にはライトアップ！

6階屋上には台南名物・椪餅を模したフォトスポットも！

\Check!/
## 📷 見どころ 8

**1 エレベーター** 
台南で最も早く設置されたエレベーター。針式のフロアインジケーターが昔懐かしい。

**2 手動式シャッター** 
盗難防止対策の手動式シャッターは、館内3箇所で展示。創業当時は先進的なものだった。

**3 外壁** 
外壁のスクラッチタイルは、日本統治時代によく使用されていた建材。その多くは台北の北投で製造されていた。

**4 床** 
床の色は2種類。耐久性、防火性に優れた材料を使用している。床材をモチーフにしたオリジナルグッズも人気。

**5 窓** 
モダンデザインの窓がすてき。創業当時は台南で一番高い建物だったため、買い物客は窓からの眺めを楽しんだ。

**6 戦争跡** 
1945年3月1日、アメリカ軍による空襲を受けた際の痕跡や機銃掃射の弾痕がそのまま残されている。

**7 エレベーターシャフト**
屋上にある八角形のエレベーター塔屋。かつてはエレベーターシャフトとして使われていた。

**8 神社** 
1933年に造られた神社。当時は一般公開されなかったが、「末広社」と呼ばれ、商売の守護神として祀られていた。

## 1F グルメみやげ

林百貨限定のオリジナル商品をはじめ、地元の老舗とコラボした商品、台南メイドのグルメみやげや台湾各地の良品まで幅広く扱う。菓子類のほか、調味料、麺類、茶葉、ドライフルーツが並ぶ。

中は空洞で楽しい食感

台南伝統菓子の椪餅。林椪餅1個45元、6個入り295元。「舊来發餅舗(P.79)」とのコラボ

林百貨限定商品。台南名物のエビスナック。林好蝦海味蝦餅160元。甘梅味と鹹酥雞味がある

林百貨限定のクッキー。經典手工餅乾1缶180元。ギフトセット(3缶入り)550元。左からレモン、アールグレイ、クランベリー

林百貨の限定缶がキュート

パイナップルケーキ。鳳梨酥禮盒(3個入り)。左からパイ生地160元、クッキー生地145元

林百貨が厳選したドライフルーツ。左から愛文マンゴー185元、パイナップル150元

ヌガーサンド。林百貨牛軋餅(12枚入り)360元。ネギ風味とオレンジ風味のセット

台南の茶葉店「振發茶行」の凍頂烏龍茶480元。写真はすっきりした味わいが人気の青茶

南投産の上質な茶葉

台湾茶葉を配合したチョコレート。林百貨香茶可可160元。金萱烏龍茶×ホワイトチョコ

可割可煎 可茶可□

## 2F 台湾メイド雑貨

林百貨限定の文房具やバッグのほか、台湾各地から厳選した雑貨、スキンケア用品、茶器、ベビー用品などが集結。台南発のシューズブランド「AYANOKOJI」やテキスタイルブランド「錦源興(P.68)」はこちらで手に入る。

「BEAMS」とコラボした帆布バッグ。昭和林娃娃-簡約購物袋599元。レトロなイラストが◎

旅先にも便利!

コインケース。昭和林娃娃-吊飾零錢包290元。4色から選べる。ポップな文字がかわいい!

刺繍ワッペン各120元。林百貨にある掛け時計やソファ、紙袋などがモチーフ

1 散策が楽しい
2 下は「好穿HoQin」のおすすめ商品

企画展情報は、林百貨のSNSをチェック!

## 4F 展示、台湾メイド雑貨

台湾文化を伝える企画展やイベントの開催、ポップアップショップが入る。台湾メイドのバッグ「BAGCOM」などの常設店もおすすめ。

## 3F 台湾メイド雑貨

ファッション雑貨やアクセサリーが並ぶ。台南の革靴メーカー「好穿HoQin」のほか、台湾の注音符号ボポモフォをモチーフにした「HEY SUN」など人気アパレルブランドも。

防潑水小白鞋1980元。防水仕様で、さまざまなシーンに使えるデザイン

瑪莉的絲巾2780元。革が柔らかく履き心地抜群

## 5F カフェ

レトロモダンな店内で、台湾で人気のカレー店「Mr.咖哩」と共同開発した特製カレーライスや軽食、かき氷、オリジナルドリンクを楽しめる。

椪出幸福100元。台南伝統菓子を明治バニラアイスと一緒に

1 ギフトショップ
2 オリジナル吸水コースター200元

屋上。台湾の商業施設に現存する唯一の屋上神社のほか、椪餅のフォトスポット、オリジナル商品の販売、エレベーター塔屋がある。

## 6F 台湾雑貨、神社

開放的な空間。店内は
コーヒーのよい香り

台南のカフェは子供の入店不可の店が時々あるので、子連れ旅の際はご注意を。

# 05
### Cafe
## ストーリーのある
# 古民家カフェで過ごす

古民家をリノベーションしたカフェが点在している
台南の中で、ストーリーのあるカフェをピックアップ。
オーナーのこだわりが詰まった空間で、
台南時間をのんびりと過ごそう。

café's
### STORY

オーナーの曽祖父の代からこの土地で暮らしており、現在は4代目。祖母宅だった建物を改装し、カフェにした。もとは2階建てだったが平屋にして天井が高い開放的な空間に。

祖母宅
×
カフェ

サイフォンやハンドドリップで淹れる

樹齢100年以上の蘋婆樹が見守るカフェ
## 品蓬咖啡 ピンポンカーフェイ

サイフォンで淹れる台湾花蓮の原住民が育てた
希少な珊琦麗コーヒー200元や、その日の天候
や体調に合わせて淹れてくれる秘密コーヒーな
ど、国内外のコーヒーは約40種類。すべて自家
焙煎によるもの。奥様が毎朝手作りするキッシュ
やケーキはどれも絶品。

▶Map P.123-C3

住 中西區府前路一段196巷17號　電 06-221-5293
開 12:00～22:00　休 水　Card 不可　日Menu 台鐵「台
南」駅前站の南站から藍幹線バスで約6分、「林百貨」下車
徒歩約6分　※12歳以下は入店不可

1 芸者コーヒーラテ300元　2 キッシュ150元　3 パナマ産
翡翠荘園 紅標藝伎400元、手作りケーキ120～250元。写
真は濃厚な味わいのカスタードケーキ　4 廟（全台開基永
華宮）の広場にある　5 コーヒー豆の販売も

香港映画の世界観へ！

ミーシーカーフェイ

永楽市場2階にある住宅エリアにひっそりとたたずむカフェ。1960年代の香港を思わせる空間で、ハンドドリップコーヒーやこだわりのスイーツが楽しめる。愛猫「麥麥（マイマイ）」が迎えてくれる。

**café's STORY**
オーナーの兄が経営する台北の「秘氏咖啡」からスタートし、台南、嘉義に店舗を構える。台北は上海、台南は香港、嘉義は日本をベースにしたデザインで古きよき時代にタイムスリップできる。

レトロ香港 × カフェ

▶Map P.122-B1
住 中西區國華街三段123-160號 永樂市場2F 電 0935-393-853 開 14:00～22:00 休 水・木 Card 不可 交 台鐵「台南」駅前站の北站から5バスで約4分。「西門民權路口」下車徒歩約3分

外観

衣索比亞（エチオピア）コーヒー220元、クレームブリュレ180元。天然食材を使う

**お店までのルート**

グルメ街で知られる國華街（→P.82）へ

修安堂擂豆花（→P.83）の角を右へ曲がる

バイク修理店の横にある階段を2階へ上がる

壁に目印あり。2階へ上がると左手にお店がある

店主の林鼎義さん 啡走Fei Zau 180元。コーヒーとコンデンスミルクを混ぜた香港風味

1　2

---

**café's STORY**
日本統治時代に医者が暮らしたあと、何世帯か住居として使い、その後に現在のオーナーが改装してカフェにした。原型はできるだけ崩さないよう、何度も小さな修繕を重ねて現在にいたる。

極狭門 × カフェ

台南のリノベカフェといえばここ

**窄門咖啡館**
チャイメンカーフェイグワン

1990年創業。1階にある38cmの入口を入って階段を上るとカフェがある。手作りにこだわり、台南名産の虱目魚を使った料理や、客家の伝統的なお茶・擂茶なども楽しめる。

1 キンカン、オレンジ、ミント入りのフォルモサ200元、自家製チーズケーキ145元　2 レトロな雰囲気の店内

▶Map P.123-C3
住 中西區南門路67號2F 電 06-211-0508 開 12:00～19:00、土・日10:30～20:00 休 水 Card 不可 日 Menu 交 台鐵「台南」駅前站の北站から2バスで約7分、「孔廟」下車徒歩約2分

---

扇風機 × カフェ

**café's STORY**
もとは有名扇風機メーカーの創業者が暮らしていた住居。店内のあちらこちらに扇風機が置かれている。2013年に改装されカフェができ、2019年にオーナーが変わってメニューが一新された。

落ち着きのある空間

草莓千層（イチゴのミルフィーユ）280元は冬季限定

レトロな店内で季節のスイーツに舌鼓

**順風錶** シュンフォンハオ

季節の食材を使ったロールケーキやミルフィーユのほか、各種コーヒーや台湾紅茶、烏龍茶などもいただける。夏にはパイナップルとマンゴーを使ったスイーツが登場する。

▶Map P.123-D3
住 中西區開山路35巷39弄32號 電 06-223-5398 開 12:00～18:00（土・日10:30～） 休 水・木 Card 不可 交 台鐵「台南」駅前站から徒歩約15分

# TODO LIST 06
## Market

### 地元の人に愛され続ける
# ローカル市場をパトロール

台南に来たならハズせない朝市（現地では菜市場）。早朝から昼頃までの営業で、旬のフルーツチェックから、グルメやショッピングまで楽しめる。ディープな台南を体験したい人はぜひ！

1 季節の野菜が美しく並ぶ　2 広大な敷地内を2〜3時間かけて回りたい　3 海安路二段側の外観

### 水仙宮 シュェイシエンゴン

1703年創建。主神は水仙尊王。ここはかつて南勢港のあった地域で、商人が往来したことから、海の安全と商売繁盛を祈願して建てられた。

▶Map P.122-B1

住 中西區神農街1號　電 06-220-3019　開 6:00〜18:00　休 無休　交 台鐵「台南」駅前站の北站から5または18延バスで約5分、「西門民權路口」下車徒歩約5分

市場内で台南の台所を見守り続けている

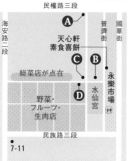

民權路三段

海安路二段

🅐

天心軒
素食喜餅

🅒 🅑

総菜店が点在

永樂市場

🅓

水仙宮 ⛩

普濟街
國華街

野菜・フルーツ・生肉店

民族路三段

● 7-11

### 絶品グルメを求めて台南の台所へ
# 水仙宮市場
シュェイシエンゴンシーチャン

約60年の歴史があるディープな市場。水仙宮があることからこの名前が付けられた。季節の野菜やフルーツ、鮮肉鮮魚をはじめ、行列ができるローカルグルメや伝統菓子、青草茶専門店など、約130軒の屋台がずらりと並ぶ。永樂市場（P.82）が隣接しているため、一緒に回るのもおすすめ。

▶Map P.122-B1

住 中西區海安路二段230號　電 06-221-6737　開 6:00〜12:00　休 第4月曜　交 台鐵「台南」駅前站の北站から5または18延バスで約5分、「西門民權路口」下車徒歩約5分

昔ながらの噛みタバコ、檳榔（ビンロウ）の屋台もある

必食

麺

**大腸の餅米包み**

看板がないので見逃してしまいそう

## A 屋台

地元で人気の屋台。豚の大腸の皮に餅米、ピーナッツ、油ネギを入れて蒸し上げている。量り売りで1本30元ほど。売り切れ次第終了。

## B

### 麺條王海産麺
ミエンティアオワンハイチャンミエン

看板メニューの海産麺は、豚肉やレバー、イカがのりボリューム満点。メニューの1号はスープあり、2号はスープなし、3号は具だくさんスープと麺。

注文後に番号札をもらって席に着く。相席になる場合が多い

海産麺2号65元。一番人気。サービスでスープが付く

黒糖棋餅20元。薄い皮と黒糖の相性が抜群!

紅龜粿15元。あんは緑豆やゴマなどから選べる

杏仁涼糕20元。ホロホロ生地に小豆が入る

蒜龍枝50元。甘さ控えめ、素朴な味のかりんとう

## C 寶來香餅鋪
ハズライシャンビンプー

伝統菓子

1935年創業の菓子店。台湾で昔から愛されてきた菓子が並ぶ。シンプルな食材、無添加、手作りにこだわっているので、おみやげにおすすめ。

店の奥にあるオーブンで菓子を焼き上げている

---

### 市場散策の心得

☑ 昼頃になると多くの店が閉店してしまうので早めの訪問がおすすめ

☑ 旬の味覚が集まるので、フルーツや野菜を見て歩くだけでも楽しい

☑ 市場での行列店は、「おいしい」または「味は普通だが安い(コスパがよい)」のいずれかで人気

青草茶

## D 阿進青草店
アージンチンツァオディエン

1997年創業。さまざまな薬草を煮出して作るハーブティー。飲みやすくするために砂糖を少し加えている。青草茶は市場内に数軒あり。

青草茶(小)20元。7〜8種類の薬草をオリジナルブレンドしており、暑い夏にぴったりな味わい

台南春巻きは、台湾北部では潤餅（ルンピン）、南部では春捲（チュンジュエン）と呼ばれる。

濃郁胡麻疙瘩70元。自家製の辣油をお好みで

必食

素食

## 三津製麺 サンジンミエンヂー

ベジタリアン麺の店。麺はすべて自家製。おすすめの濃郁胡麻疙瘩は、店で炒った白ゴマを使う。丸くて平たい麺（疙瘩）は25食限定。

▷ Map P.120-B1

自慢の麺を食べに来て!

川辣素米血、麻油素米血各40元。濃厚な味わい

無添加にこだわり毎日食べたい味わい

## 鴨母寮阿婆布丁
ヤームーリャオアーポーブーディン

おばあさんの手作りプリン。素朴で硬めの生地とカラメルのバランスが絶妙。スプーンを入れてくれる。湯圓や仙草なども販売している。

▷ Map P.120-B1

プリン

素朴で懐かしい手作りプリン

1個18元。賞味期限は常温で1時間、冷蔵3日間

場外にある店舗。おばあさんが迎えてくれる

## 阿真春捲
アーヂェンチュンジュエン

行列必至の春巻き店。店頭で焼き上げる自家製の皮はモチモチ。冬はホウレンソウ、夏はドラゴンフルーツを使った赤い皮が登場する。

▷ Map P.120-B1

春巻き

翠緑春捲50元。豚肉炒め、豆干、ニンジン、キャベツ、モヤシ、ピーナッツ粉など具だくさん!

台南駅から歩いて行ける伝統市場
## 鴨母寮公有零售市場
ヤームーリャオゴンヨウリンショウシーチャン

1918年にオープンした伝統市場。食材や食品のほかグルメ屋台が点在し、ベジタリアン向けの店があるのも特徴。2017年に日本でも公開された映画『ママ、ごはんまだ?』のロケ地としても知られている。2020年に優良市場認証2つ星を獲得している。

▷ Map P.120-B1

住 北區成功路148號
電 06-220-1031 開 7:00～13:00 休 無休 交 台鐵「台南」駅前站から徒歩約14分

あたたかみのある場内。野菜やフルーツなどが並ぶ。お店の人との交流も楽しめる

## 阿慧蝦仁肉圓 アーフェイシアレンロウユエン

創業30年以上続く屋台。新鮮な豚肉やエビを使った手作りで、目の前で蒸し上げた肉圓を味わえる。薬膳スープの四神湯もぜひ。

**肉圓**

モチモチでクセになる

蝦仁肉圓45元。ぷにぷにの皮が◎

テイクアウトの人も多いので、並んでいても回転は早い。朝食にぴったり

早朝に出かけてじっくり回りたいマーケット

**台南最大規模の朝市へ**
## 台南市綜合農產品批發市場
タイナンシーゾンフーノンチャンピンピーファーシーチャン

日本統治時代から続く伝統市場。広大な敷地内に、約500店舗の屋台が並ぶ。フルーツや野菜などはもちろん、ローカルグルメの屋台やファッション雑貨を販売する屋台も点在し、かなり充実している。

規模が大きく店舗数も多いので、2時間は確保しておきたい

▶ **Map** P.116-B3

🏠 安南區怡安路二段102號 ☎ 06-255-6701 🕐 4:00〜12:00頃 🛑 月 🚃 台鐵「台南」駅前站の南站から7または11バスで約24分、「和順國宅」下車徒歩約8分

---

絵になるレンガ造りの外観が印象的

清潔な場内。掃除が行き届いて衛生的な環境である

**米膳粥**

**レトロかわいい伝統市場**
## 學甲公有零售市場
シュエジアゴンヨウリンショウシーチャン

1937年に完成した伝統市場で、2013年にリニューアルオープン。場内や場外には鮮魚店や八百屋、精肉店などがずらりと並び、散策するだけでも楽しめる。朝食によいローカルグルメ店もある。場内は天井が高く、公衆トイレも完備。近くに寄った際はぜひ立ち寄ってみよう。

▶ **Map** P.116-B2

🏠 學甲區濟生路135號 ☎ 06-783-8379 🕐 6:00〜12:00 🛑 無休 🚃 台鐵「善化」駅前の善化轉運站バスターミナルから橘幹線バスで約41分、「麻豆分局」で、橘經學甲に乗り換え約16分、「學甲區公所」下車徒歩約5分

昔懐かしい味わい♡

米糕粥40元。龍眼の香りがする甘い粥。湯圓などトッピングは選べる

**阿盼刨冰** アーシーバオビン

市場内にある創業50年のスイーツ店。夏はかき氷、冬は米糕粥などを販売している。トッピングは手作りにこだわっている。

---

## 2022年12月に新しい市場がオープン！

1 スタイリッシュな外観　2 屋上には芝生が敷かれ、フォトスポットとして人気　3 広々とした場内。週末の午前中は多くの人でにぎわう

台南産のパイナップル。酸味と甘味が絶妙

**バスに乗って新オープンの市場へ**
## 新化果菜市場
シンホアグオツァイシーチャン

2022年12月に正式オープンした。開放的な環境に160軒以上の店が並ぶ、台南最大級の野菜市場。週末になると、場外の「大目降文創市集」で台南の特産品などの屋台が並ぶ。平日は出店数が少ないので週末がおすすめ。

▶ **Map** P.116-B3

🏠 新化區護東路335號 ☎ 06-590-5905 🕐 8:00〜17:00 🛑 無休 🚃 台鐵「台南」駅前站の北站から綠幹線バスで約41分、「仁愛之家」下車徒歩約17分

細い路地を抜け道に使い、バイクで通過する人が多いので歩く際は注意しよう。

おしゃれな店が点在し、お散歩が楽しい忠義路二段158巷(P.29)

かつて住居だった古建築をリノベしたスポットが多い

## TODO LIST 07
### Walking

### 路地裏にある穴場を発掘!
# 巷弄をぶらり散歩
シャンノン

台南ならではの楽しみといえば、路地(巷弄)散策。思いがけない場所に、オーナーのこだわりが光る古民家を活用したショップやカフェ、プチホテルがあるので、まるで宝探しをしているような気分に♪

信義街。夜になると提灯がライトアップする

巷弄を歩くと小さな廟に出合えることも

信義街

海安路二段

公園南路

忠義路二段
158巷(P.29)

●台南駅

府中街

蝸牛巷

高雄左營

台中

0　　200m

**巷弄とは**
台南でよく見かける細道のことを巷弄と呼ぶ。巷(シャン)は、大通りから入った路地に付く名前で、弄(ノン)は、巷から出る小道に付く名前。台南はこの巷弄が無数にあり、Googleマップなどには表示されないことも多い。

**信義街** シンイージエ ▶ Map P.122-A1
筑馨居(P.63)やLola蘿拉冷飲店(P.65)をはじめ、カフェや廟があるバラエティ豊かな小道。1836年に建てられた「兑悦門」は、府城のなかで唯一、現在も通行可能な城門。

**蝸牛巷** ウォーニョウシャン ▶ Map P.122-B2
蝸牛はカタツムリのこと。小説家・葉石濤が作品『往事如雲』のなかで言及している「蝸牛巷」から名付けられた。葉石濤文學紀念館(▶ Map P.123-C2)と一緒に回るのがおすすめ。

**府中街** フーヂョンジエ ▶ Map P.123-C3〜D3
台南孔子廟(P.12)の向かいにある便利な立地。台湾おでん(黒輪)やカフェなどが並び、参軍の陳永華を祀る古廟がある。ブーゲンビリアの花がフォトジェニック。

店主が厳選した小道具が
ずらりと並ぶ骨董店

1 白色が美しいランプ
シェード6300元 ほか
お宝を探そう 2 アン
ティークガラスを使っ
たピアス1個1480元。
「真真」によるもの
3 店に入ると招き猫が
迎えてくれる 4 安平
壺3680元。明朝時代
に生産され、台南安平
で出土したことからこ
の名前が付けられた
5 年代物の豆皿800
元 6 菓子用木型
1280元。縁起のよい
「壽」が入る

## 鳥飛古物店
ニャオフェイグーウーディエン

古民家をリノベした空間に、店主・葉家
宏さんが台湾各地や日本を訪れて集め
た骨董品が並ぶ。日本統治時代にハン
ドメイドで作られたガラス製のコップや
花瓶、銅製カトラリー、ヨーロッパ製の銀
プレート、骨董家具、インテリア小物など
訪れるたびにお宝と出会える。

▶Map P.123-D1

住 中西區忠義路二段158
巷62號1樓之1 電 06-221-
1814 開 13:00～19:00
休 火～木 Card ADJMV
交 台鐵「台南」駅前站か
ら徒歩約12分

### 忠義路二段158巷エリア

Paripari apt.
★
忠義路二段158巷

民族路二段

蕃薯崎小南天福德祠

悟島

鳥飛古物店 ★

龍百貨 ★

---

恐竜の独特な世界観にファン多数!

## 龍百貨 ロンバイフオ

古民家をリノベしたブランチカ
フェ。恐竜をテーマにした店
内には、あちらこちらに恐竜の
フィギュアが置かれ、写真撮
影を楽しむ人の姿が。「キュー
トなのに季節の野菜が取れ
て健康的」と若者に人気。店
内は常に満席で行列ができる
ことも。コップはオリジナルの
イラスト入り。

▶Map P.123-D1

住 中西區民權路二段64巷53號
電 06-223-6786 開 9:30～14:30
休 不定休(SNS参照) Card 不可
交 台鐵「台南」駅前站から徒歩約12分

經典奶油厚
片(厚切り)
トースト
240元

1 營養早餐270元、
美式咖啡(アメリカン
コーヒー)110元。ハ
ンバーガーのほか、
季節の野菜、チキン
のスパイシー炒め、
冷製麺サラダ、柚
子蜂蜜ゼリーなどボ
リューム満点 2、3
隠れ家のような店

---

台湾カルチャーの発信基地

## Paripari apt. パリパリ アパート

台南の設計事務所・本事空間製
作所が手がけたリノベ空間。1階は
ショップ、2階はカフェ、3階は民宿と
なっている。ショップでは、台湾メイド
の雑貨やオリジナル商品、インディー
ズ音楽「大浪漫商店」のレコードなど
を販売。カフェで使われているグラスは
「廣田硝子」のもの。

▶Map P.123-D1

住 中西區忠義路二段158
巷9號 電 06-221-3266(カ
フェ) 開 11:00～18:00
休 木 Card 不可 交 台鐵
「台南」駅前站から徒
歩約12分

レトロモダンな空間 趴哩
咖朵180元。自家製マスカル
ポーネチーズやアイス入りのオ
リジナルデザート

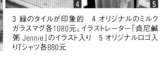

3 緑のタイルが印象的 4 オリジナルのミルク
ガラスマグ各1080元。イラストレーター「貞尼鹹
粥 Jennie」のイラスト入り 5 オリジナルロゴ入
りTシャツ各880元

台南市美術館2館は台南中心部にあるので、休憩利用にもぴったり！

原研哉氏による「光影律動」。地下駐車場の暗闇と、地上から注ぐ自然光のコントラストが特徴的。雲の動きや風によって動く影は息を呑む美しさ

台湾を代表する現代美術家、彫刻家である故・楊英風による「分合隨縁」。1983年にステンレスで作られた作品で、壮大な宇宙をテーマにしている

アート専門の図書館で、1万冊を超えるコレクションがある。4階の個人スペースには電源があり、美しい館内を眺めながら過ごせる。開放的な5階にもテーブルあり

資源中心 4F

↑台南市美術館1館

忠義路二段

入口

入口

友愛街

跨域展演廳・

府前路一段

永福路二段

国内外のアーティスト作品を販売する「be art store」。アート作品や個性的なバッグ、日用品などが並ぶ。美術館のチケット持参で5%割引

## 08

*Museum*

台南市美術館
2館を攻略！

台湾現代アートにふれる

2019年、台南の中心部にオープンした美術館。アート作品の鑑賞はもちろん、散策途中に立ち寄るのもよい。台南の暑さを忘れる開放的なスタイリッシュ空間で、思いおもいの時間を過ごそう。

館内に設置されたソファでひと休みできる

美術館の裏手には緑が気持ちいい「楈仔林公園」がある。日本統治時代には台南神社があったことから、鳥居の形をしたモニュメントも

イスラエルの画家、デイビット・ゲルシュタイン氏による「輪飛蝶舞 悠遊 時光」。台湾の芸術アワード受賞作品

\Check!!/

台南市美術館2館から徒歩5分の1館もおすすめ

台南を象徴する鳳凰花がモチーフ
### 台南市美術館2館
タイナンシーメイシュウグワンアルグワン

建築家・石昭永氏と、プリツカー賞を受賞した坂茂建築設計事務所が手がけた現代美術館。展示空間は約2508㎡、16の展覧室がある。2階の展覧室では、台湾南部に縁のある画家による常設展「南薫芸韻」を開催しているほか、不定期で国内外の現代アート展示が行われている。館内は無料Wi-Fi完備。

▷ Map P.122-B3、123-C2

住 中西区忠義路二段1號 ☎ 06-221-8881 開 10:00～18:00(土～21:00) 休 月・旧暦大晦日・旧暦1/1 料 200元 Card JMV 交 台鐵「台南」駅前站の南站から紅幹線バスで約6分、「林百貨」下車徒歩約3分

台南市美術館1館 タイナンシーメイシュウグワンイーグワン

台南州建築技師・梅澤捨次郎が設計し、1931年に建てられた。警察署を前身とし、台南市の古跡に登録されている。台南出身のアーティスト、顔水龍氏、蘇世雄氏の作品を展示している。

▷ Map P.123-C2

住 中西区南門路37號 ☎ 06-221-8881 開 10:00～18:00(土～21:00) 休 月・旧暦大晦日・旧暦1/1 料 200元 Card JMV 交 台鐵「台南」駅前站から徒歩約14分

台南の気候に対応したフラクタル構造の屋根に、さまざまな角度から日が当たる。天候によって館内は違う印象に。人工的な屋根でありながら、木漏れ日のような光が館内を包み込む

**天井**

ガラスの器がきれい♡

話題のカフェ＆雑貨販売。「蜷尾家」のアイスバーが入ったキンモクセイとレモンの炭酸水（蜜檸桂花氣泡飲200元）と、イチゴのケーキ（草莓山鮮奶油戚風260元）。チケット持参でドリンク20元割引に。カフェ利用のみも可能（下記参照）

📞06-221-1916

※カフェのみ利用の場合は、1F受付でデポジット50元を支払い、リストバンドをもらう。カフェで50元の返金あり。リストバンドを見せればドリンク20元割引に

**南美春室 The POOL**

**5F**

**南美館自営賣店**

**2F**

美術館のオリジナル商品などを販売する。マグカップ550元。美術館をイメージした幾何学的形状が特徴

**2F**

**!'M COFFEE**

バリスタが厳選したコーヒーが並ぶ、開放的なテラス席もおすすめ。チケット持参で10%割引（テイクアウト除く）

📞06-221-4456 🕘9:30〜18:00
休月・旧暦大晦日・旧暦1/1

**1F**

**受付・コインロッカー**

1Fの入口を入ると受付、その奥へ進むと無料コインロッカー、充電コーナー、授乳室が完備されている

お部屋に飾りたい美しさ

企画展や台湾メイドの商品を販売。上は美術館制作の雑誌「覓南美」200元。チケット持参で5%割引

📞06-221-3232

**1F**

**Focus in Art**

# 台南の歴史を感じる博物館巡り

**ココに注目!**

原住民、オランダ、スペイン、清朝、日本統治時代や戦後以降から台湾文学に関する作家、作品、史料など文学の文物を展示。音声ガイド（日本語）も無料で利用可能

1 台南駅から徒歩で行ける距離
2 館内は新旧が融合する空間

台湾を代表する国立文学博物館
## 國立台湾文學館
タイナンシーメイシュウグワンイーグワン

日本統治時代の1916年、建築家・森山松之助によって建てられた台南州庁舎を利用している。台湾文学の発展を記録し、原住民の口承文学をはじめ、さまざまな外来政権統治による苦難を経ている台湾の歴史を学べる。美しい西洋建築で、夜になるとライトアップされる。

▶ Map P.123-C2
🏠 中西區中正路1號 ☎ 06-221-7201 🕐 9:00～18:00 休 月・旧暦大晦日・旧暦1/1 料 無料 🚉 台鐵「台南」駅前站から徒歩約15分

2020年にリニューアルオープン!
## 知事官邸生活館
ヂーシーグアンディーシェンフオグワン

1900年に知事官邸として建てられた洋館。日本の皇族が台南を訪れる際の宿泊施設としても利用され、1923年には裕仁皇太子（後の昭和天皇）も宿泊した。第2次世界大戦後は政府機関などが利用し、10年かけて修復されたあとは、レストランや展示室などが設置された。

▶ Map P.121-C2
🏠 東區衛民街1號 ☎ 06-209-7000 🕐 11:00～20:00 休 月・旧暦大晦日・旧暦1/1 料 無料 🚉 台鐵「台南」駅後站から徒歩約8分

木造階段が味わい深い

18:00～24:00までライトアップ

**ココに注目!**

市定古跡に指定された2階建ての和洋折衷建築。屋根の妻側に時計と似た模様があったことから、地元では「時鐘樓」と呼ばれていた。木造階段の手すりには細かい彫刻が施されている

**ココに注目!**

明治時代の建築スタイルであるレンガ造りと木造の和洋折衷がすばらしい。台北の「総統府」「国立台湾博物館」と並び、日本統治時代の3大古典建築のひとつとされている

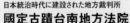

台南市美術館2館の向かいにある美しい建物

日本統治時代に建設された地方裁判所
## 國定古蹟台南地方法院
グオディングジータイナンディーファンファーユエン

1914年、建築家・森山松之助が手がけた台南地方裁判所。1991年には国定史跡に指定された。和洋折衷建築が各所に施された館内で、法廷や留置所、奉安殿（天皇皇后両陛下の写真などを納めていた）などを見学できる。日本語パンフレットもあり。

▶ Map P.122-B3
🏠 中西區府前路一段307號 ☎ 06-214-7173 🕐 9:00～17:00 休 月・旧暦大晦日・旧暦1/1 料 無料 🚉 台鐵「台南」駅前站の南站から紅幹線バスで約6分、「林百貨」下車徒歩約5分

不定期で個性豊かな企画展を開催!
## 台南愛國婦人館
タイナンアイグオフーレングワン

1940年に、傷痍軍人や軍人遺族などの世話、保護を目的として発足した台湾愛国婦人会の台南支部として誕生した。戦後は、アメリカ大使館広報局や台南市図書館分館に。現在は新しい文化「文創」を発信する拠点として、企画展などが開催されている。

▶ Map P.123-C3
🏠 中西區府前路一段195號 ☎ 06-214-1590 🕐 9:00～17:00 休 月・旧暦大晦日・旧暦1/1 料 無料 Card JMV 🚉 台鐵「台南」駅前站から徒歩約17分

**ココに注目!**

和と洋を感じる建物。2階は畳が敷かれ、日本の情緒を感じる空間に。国内アーティストによるアート展示などが開催される。1階では台南古跡限定みやげ（→P.79）を販売中

1階はコンクリート、2階は木造建築

# ＼足を延ばして行きたい博物館／

1 広大な敷地　2 楽器ホール。国内外の楽器展示や映像を使った自動演奏　3 動物ホール。世界5大州の動物標本や化石を展示する

＼圧巻の天井画！

西洋芸術
音楽・動物ほか

## 奇美博物館
チーメイボーウーグワン

食品製造や病院を運営する奇美グループの創業者、許文龍氏が集めたコレクションを所蔵する。許氏は「大衆のためにあれ」という精神のもと、より多くの人に観てもらえるよう展示品を選定している。西洋芸術、楽器、兵器、動物標本、化石などを所蔵しており、約3分の1となる4000点あまりを展示している。

ハンス・マカルトによる天井画。館内最大級

▶ Map P.116-B3

住 仁德區文華路二段66號　TEL 06-266-0808　開 9:30〜17:30　休 水・旧暦大晦日・旧暦1/1　料 200元　Card JMV　交 台鐵「保安」駅から徒歩約13分

📍見学POINT

荷物はロッカーに預けられる。ロダン、シャガール、ダリなど西洋芸術のコレクションは圧巻で、3時間はかけてじっくり回りたい。カフェやオリジナルグッズを販売するショップもある

---

台湾史

## 國立台湾歴史博物館
グオリータイワンリーシーボーウーグワン

台湾の歴史を詳しく学べる博物館。常設展では、台湾史を「時代」で区切り、最古の台湾人から東アジア貿易、漢民族の大量移住、日本統治時代、戦後から民主化への流れをジオラマやパネルで紹介。企画展は不定期で変動するのでHP参照。日本語の音声ガイド100元もある。

▶ Map P.116-B2

住 安南區長和路一段250號　TEL 06-356-8889　開 9:00〜17:00　休 月・旧暦大晦日・旧暦1/1　料 100元　Card 不可　交 台鐵「永康」駅の永康火車站から20バスで約17分、「臺灣歴史博物館(長和路)」下車徒歩約10分

📍見学POINT

台湾の対外関係をはじめ、各部族の関わり、台湾の近代化など、あらゆる観点から台湾を知る。各時代に台湾で何が起こり、どのようにして民主化へと進んでいったのかを詳しく学べる

1 常設展第2廳。漁業などの等身大展示　2 2019年に開館した

先史時代の遺跡

## 國立台湾史前文化博物館 南科考古館
グオリータイワンシーチエンウェンホアボーウーグワン ナンクーカオグーグワン

台湾最大の考古学遺跡から発掘された歴史資料と考古学文化を展示している。常設展第1廳は、新石器時代などの古美術品が約200点以上。常設展第2廳は、農業や狩猟、住居など7つのテーマのレプリカが並ぶ。常設展第3廳は、発掘現場で実際に出土した断層や標本を発掘順に見学できる。

▶ Map P.116-B2

住 新市區南科三路10號　TEL 06-505-0905　開 9:00〜17:00　休 月・旧暦大晦日・旧暦1/1　料 80元　交 台鐵「南科」駅の台鐵南科站から北環西橘線バスで約14分、「Park17商場」下車徒歩約3分

📍見学POINT

博物館のある地域は複数の遺跡が確認された場所。等身大展示やミニシアター、出土品を整理する作業を見学できるなど展示風景が工夫されていて楽しめる

1 台湾の多様な民族を象徴する建物　2 雲天広場水舞台

出土品の作業風景

# 台南夜の楽しみ方③
## 夕方から繰り出そう

### 09
**Night Spot**

台南ならではの夜の楽しみ方をご紹介！ローカルな雰囲気満載の夜市はもちろん、地元っ子が集まる夜カフェやフォトジェニックな夜景スポットも。夜市だけじゃない台南の夜を満喫しよう。

## POINT
- ☑ 曜日によって開催夜市が変わる
- ☑ 違う夜市でも同じ屋台が登場することがある
- ☑ まずは一周してから狙いを定めるのがおすすめ

左側縦書き：夜市の食べ歩きにはウェットティッシュがあると便利。スーパーやコンビニで手に入る。

1
夜市で食い倒れ！

台南の夜市は、曜日によって開催夜市が異なることから、違う夜市で同じ屋台に出合えることがある。食べ損ねても違う夜市でチャレンジを！

木桶滷味の滷味。量り売り。砂肝、キクラゲ、ブロッコリー、ピーナッツ、大腸、豆干、ウズラの卵など3人分ほど購入して265元

統大碳烤香雞排の碳烤雞排75元。食べ応えのある鶏の唐揚げに、甘めのタレがかかっていてやみつき。食べやすいようカットしてくれる

**月・火・金開催！**
ローカルな雰囲気が心地よい夜市
### 大東夜市 ダードンイエシー

2000年にオープンした夜市。住宅街にあり、大学や専門学校が近いことから学生が多く、花園夜市に次ぐ人気を誇る。ローカルグルメをはじめ、日用品&ファッション販売、ゲーム屋台などが並ぶ。原住民料理はほかの夜市では見かけない独自のもの。敷地内にはトイレもあり。

原住民石板烤肉の綜合（烤肉＋香腸）100元。焼きたての豚肉とソーセージがよい香り。付け合わせのニンニクと酢ショウガが相性抜群

▶Map P.121-D3

住 東區林森路一段276號
TEL 06-335-5301 開 17:00頃～翌1:00頃 休 水・木・土・日
Card 不可 交 台鐵「台南」駅後站の「香格里拉飯店」バス停から70右バス約8分、「大東夜市」徒歩約4分

七彩虹雪淇冰の（左）冬瓜雪淇（冬瓜茶＋アイス）35元、（右）百香果雪淇冰（アイス＋パッションフルーツソース）20元。夜市散策のお供にぴったり

\Check!/
**週末は朝市に!!**

土・日曜限定で、夜市の敷地内にて「台南縣假日農市」が開かれる。季節の野菜やフルーツを中心に、健康食品、乾物が並ぶ。農協の審査に合格した店のみ出店可能なので安心。

**水・土開催！**

どこか懐かしさを感じるローカル夜市

## 武聖夜市 ウーションイエシー

1984年にオープンした歴史ある夜市。屋台は250軒ほどでほかの夜市に比べて規模は小さいものの、グルメ、ショッピング、ゲームがバランスよく配置されている。花園夜市が登場してから客足が遠のいていたが、若者を中心ににぎわいが戻ってきている。

▶ **Map P.118-B1**

住 中西区武聖69巷 TEL なし 営 18:00頃〜翌1:30頃 休 月・火・木・金・日 Card 不可 交 台鉄「台南」駅前站の北站から3バスで約11分、「文賢国中」徒歩約5分

アツアツをパクリ！

地元客が多い印象のローカル夜市。子供から大人まで幅広い年齢層が集まり、地元で愛されていることがわかるほっこり空間

武聖夜市名物のアーチェリー1回（10本）50元。本格的！使用方法はスタッフがていねいに教えてくれるので、初めてでも安心

陳記小廚師の大腸＋香腸60元。付け合わせは、キュウリの酢漬け、ニンニク、タマネギなどから選べる

陳家阿嬤拔絲地瓜芋頭の大盒100元。サツマイモ、タロイモ、ポテトのフライを蜜に絡めて大学芋風に。塩味と甘味がクセになる！

---

**木・土・日開催！**

台南最大規模の観光夜市

## 花園夜市 ホアユエンイエシー

3000坪を超える敷地内に、多い時は約400軒の屋台が並ぶ夜市。ローカルグルメ、フルーツ、ドリンク、ファッション、ゲーム、コスメなどバラエティ豊かで満足度は高い。地元客はもちろん、観光客にも人気で、台北の「士林観光夜市」に肩を並べるほどの規模感！

▶ **Map P.119-C1**

住 北区海安路三段533號 TEL なし 営 17:00頃〜24:00頃 休 月〜水全 Card 不可 交 台鉄「台南」駅前站の南站から0左または11バスで約10分、「花園夜市」徒歩約2分

二師兄古早味の滷味（煮込み料理）。棒腿（手羽元）や雞翅（手羽先）1本15元。豆干、米血、雞心（ハツ）、などは少量30元、多量50元

陳民麻辣鴨血の綜合90元。鴨血（鴨の血を固めたもの）、魚団子、腸が入ったマーラースープ。鴨血は臭みがなくプリプリ食感が楽しい

パチンコゲーム1回100元のほか、射的、麻雀、輪投げなどがある。子供から大人まで楽しめる。お腹を満たしたあとに遊ぼう

---

**毎日開催！**

雨の日にうれしい室内にある夜市

## 小北観光夜市 シャオベイグアンアンイエシー

牛肉店、豬油拌飯、台湾風おでん、ヘビ肉専門店などのグルメ店のほか、ファッションやコスメなどバラエティに富む。暑い日でも冷房完備で快適に食事が楽しめる。夜市の近くには、スーパーマーケット「全聯福利中心」や、食材店「旺來郷」がある。

▶ **Map P.119-C1**

住 北区西門路四段101號 TEL 06-251-9203 営 16:30〜24:00頃 休 無休 Card 不可 交 台鉄「台南」駅前站の北站から0左線バスで約6分、「民徳国中」徒歩約6分

蛇肉店の炒綜合（蛇皮、蛇腸、蛇筋）400元。ヘビの皮、腸、筋をショウガと炒めたもの。ヘビ肉はクセがなく、美肌効果が期待される

何度か改装されて衛生的な空間に。外観には台湾小吃のかわいいイラストが描かれていてフォトジェニック

② 夜カフェで
まったり

台南にはすてきな夜カフェが点在。「台南深夜咖啡」で検索してお気に入りを見つけて！

**POINT**
☑ 夕方から深夜まで営業する
☑ コーヒーメニューのほかアルコールを置いている店が多い
☑ ひとり客や静かな空間が多いので騒がずに過ごそう

居心地のよいカウンターで、のんびり過ごすのもおすすめ

1 讓你餓不著。料理により値段が異なる
2 法蘭西薄餅150元。絶品クレープ

3 季節で変動する沒有蛋糕130元と季節特別咖啡200元。この日はバスクチーズケーキと、梅酒×アメリカンコーヒーのカクテル
4 黒糖拿鐵(黒糖ラテ)170元

**閑静な住宅街にある隠れ家カフェ**

## 沒有咖啡 メイヨウカーフェイ

2022年に移転オープンした人気カフェ。各種コーヒー、カクテルのほか、店主・謝承宇さんが腕を振るう料理「讓你餓不著(空腹にさせないよ)」や店名が入ったオリジナルのケーキ「沒有蛋糕」など、季節により変動する特別メニューも絶品。コーヒーは店主の恩師によるスペシャルブレンドとのこと。

▶ **Map** P.119-D1

🏠 北區北園街46巷13號 ☎ 06-208-0606 🕐 18:00〜翌1:00 🚫 無休 💳 不可 🚃 台鐵「台南」駅前站の北站から0右繞バスで約4分、「中樓」徒歩約10分

ゆっくりしていってね♪

築40年以上の住居を改装。気分転換ができるようベランダのある物件にしたという。2階はソファ席やテーブル席もあり

夜に浮かぶ幻想的なクジラアート

# 大魚的祝福
ダーユィーダヂュウフー

安平港からほど近い港濱歴史公園に誕生した話題のパブリックアート。台湾の著名なアーティスト・楊士毅氏が手がけたもので、長さ23m、幅10m、高さ8mもの大きさを誇る。クジラの内部は台湾をイメージして作られ、448枚のカラフルなステンドグラスは、台湾本島の多様性を象徴している。

**Map** P.118-A2

🏠 安平區安億路旁港濱歴史公園　📞 なし　🕐 常時開放　🚃 台鐵「台南」駅前站の北站から19バスで約30分、「安平港濱歴史公園」徒歩約1分

3714本のパイプを溶接して作られている。2階にあるクジラの腹部から海を眺めることができる

台南夜景の **POINT**

☑ 著名アーティストによるパブリックアートが増加中
☑ 夜は歴史建築がライトアップし、昼間とは印象が変わる
☑ 台南運河から見ると違う目線で台南を楽しめる

TO DO LIST

09

台南夜の楽しみ方3

③

夜景スポット

ツアー中はガイドが付き、安平の紹介をはじめ、船からの撮影ポイントやゲストからの質問に答えてくれる

水上から眺める台南の夜景！

# 立驛國際安平遊港遊運河
リーイーグオジーアンビンヨウガンヨウユンフー

安平漁人碼頭から出航し、安平周辺の運河や港を巡る人気の遊覧船ツアー。コースは3種類で、夕方から出発して運河を巡る「金色流域」、安平港を巡る「安平内港線」、両方を巡る「全般段」がある。予約が望ましく、出航の30分前までに受付を済ませよう。

**Map** P.118-A2

🏠 安平區安億路501號　📞 06-299-0239、0903-232-168　🕐 金色流域コース45〜50分17:00〜19:00　※要予約。コースや季節により異なる。詳細はFacebook参照　🈺 無休　💳 不可　💰 300元　🚃 台鐵「台南」駅前站の北站から19バスで約31分、「原住民文化會館」徒歩約2分

安平漁人碼頭は夕日がきれいなスポットとして有名。付近にはYouBikeのステーションがあり、サイクリングも楽しめる

\Check!/ **会員制のプライベートヨットクラブも！**

# 亞果遊艇會 ヤーグオヨウティンフェイ

本格的に台湾の海を楽しみたい人は、会員制のヨットクラブに登録するのもあり!?亞果遊艇會のある台南安平遊艇城には、レストラン、バンヤンツリーグループが運営するリゾートなども入る。

**Map** P.118-A2

🏠 安平區新港路二段777號　📞 06-298-2999

高品質な船で台南はもちろん、高雄や澎湖を旅しよう

# 10

Photo Studio

## アクセス至便でコスパ最強!
## 変身写真館のお試しプラン

プロのカメラマンによる本格プランもいいけれど、時間が限られる旅では、気軽に変身できて街へ繰り出せるプランが魅力的。アクセスが便利でリーズナブルに体験できるこちらがおすすめ!

さまざまなショップが並ぶ「藍晒圖文創園區」内にあるので、買い物も楽しめる!

「藍晒圖文創園區」入口のガジュマル前にて

艶やかな天女になった気分。
台南の街並みによく合う

マジョリカタイルがすてきな
『台湾花磚』前にてパチリ

## 変身のステップ

① リノベスポット「藍晒圖文創園區」へ。変身体験は予約なしでもOK!どこで撮影したいかを先に決めておくとスムーズ

② 入店後に受付を済ませたら、衣装選びからスタート!お店のHPに、衣装の写真がのっているので、事前に確認ができる

③ 漢服、旗袍はそれぞれ15〜20着揃う。S〜XXLサイズまであるので、体に合う衣装を選ぶ。試着も可能。カジュアルから正統派までデザイン豊富

Before

After

④ 着替えたあと、約1時間かけてメイク&ヘアセット。下地からスタートして、衣装や個性に合わせたメイクやヘアセットをしてくれる

⑤ 必要な場合は、撮影用のヒールや扇子などの小道具も無料でレンタル可能。漢服は丈が長いため、自分が履いてきたラフな靴で撮影ができる

⑥ 自分のスマホやカメラを使って撮影タイム。友人や家族と写真を撮り合おう。恥ずかしがらず、モデル気分でポーズを決めて!

### 体験Data

| ● 体験プラン（輕鬆體驗） | |
| --- | --- |
| 基本料金300元 | |
| 予約不要（繁忙期は予約がおすすめ） | |
| 漢服もしくは旗袍から選べる | |
| 小道具 | |
| レンタル30分 | |
| 自撮り撮影30分 | |

| オプション | |
| --- | --- |
| 簡易化粧300元 | |
| 簡易ヘアセット300元 | |
| （化粧＋ヘアセットのセット500元） | |
| 延長30分200元 | |
| インスタント写真撮影1枚50元 | |

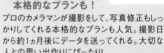

## 時間に余裕がある人は、本格的なプランも!

プロのカメラマンが撮影をして、写真修正もしっかりしてくれる本格的なプランも人気。撮影日から約1ヶ月後にデータを送ってくれる。大切な人との思い出作りにぴったり!

| ● 本格プラン（ひとり体験・單人輕寫真） | | |
| --- | --- | --- |
| 基本料金4980〜8800元　要予約 | | |
| 漢服もしくは旗袍から選べる／化粧／ヘアセット／プロカメラマンによる撮影／屋内セットもしくは屋外での撮影／電子データ写真3枚（修正、色彩調整） | | |
| 1人追加でヘアメイクを依頼する1000元 | | |
| 追加で衣装を着る1枚500元 | | |
| 仙女ヘアセット1人1000元 | | |
| 特殊ヘアセット1人2000元 | | |
| ネイルチップ1セット300元 | | |

体験Data / オプション

サクッと変身して
街へ繰り出そう!

## 鏡花園
ジンホアユエン

チャイナドレス（旗袍）や漢服の変身体験ができる専門店。センスのよい衣装が並び、ていねいにメイクをしてくれる。お店は台南中心部にあり、台南孔子廟（→P.12）や神農街（→P.90）などフォトジェニックなスポットへもアクセス至便。オプションでネイルチップ（要予約）も付けられる。

▶ Map P.120-A3

住 南區西門路一段689巷10-12號 藍晒圖文創園區 服務中心　電 06-222-7775　開 13:00〜21:00　休 火　Card 不可　交 台鐵「台南」駅前站の北side から5バスで7分、「新光三越新天地」下車徒歩約2分　URL jingarden6891012.wixsite.com/jingarden

# 11

*Bus Trip*

台湾好行バス山博線で行く

# 台湾の歴史文化体験スポット

台南の郊外を旅するなら、台湾好行バスも要チェック！山博線は、フォトジェニックな台南山上花園水道博物館など、台湾史を楽しく学べる路線。子供連れの旅にもおすすめ！

山博線路線図

南瀛天文園区
大内区公所
山上区公所
善化轉運站
謝氏養素堂
善化城隍廟
臺南水道博物館
左鎮化石園区

## 台湾好行とは

台鐵駅や高鐵駅と観光スポットを巡回する観光バス。台南中心部の観光に便利な「88府城巡迴線」や「99安平台江線」のほか、郊外を巡る計4路線がある。ほとんどが土・日・祝運行で、臨時運休もあるので、当日必ずHPの「公車動態」で運行状況を確認しよう。
URL www.taiwantrip.com.tw

## 乗り方

お得なチケット！

HPで時刻表を確認し、早めに乗り場へ向かう。バスが来たら手を上げて運転手に知らせよう

乗り放題チケット50元は、運転手から購入する。ICカードを利用する人は、読み取り機にタッチ

運転手によっては運転が荒いので、乗車したらすぐに手すりをつかもう。山博線は子連れが多い

下車するときは早めに下車ボタンを押す。ICカード利用者は読み取り機にタッチして降りる

---

台南水道の歴史を知る

カフェでひと休み

レンガ造りのB館。筒形の急速濾過装置や各種資料室がある

博物館正面から徒歩約15分の浄水池エリア

日本語のパンフあり

博物館の入口。入口の前にトイレがあるので、先に済ませておくのがおすすめ

### 2019年にオープンした緑が美しい水道博物館

## 台南山上花園水道博物館

タイナンシャンシャンホアユエンシュェイダオボーウーグワン

台湾水道の父と呼ばれるウィリアム・K・バートンと、技師の浜野弥四郎を中心に造られた水道設備。1982年まで台南市民の生活用水として使われていた。広大な博物館エリアには、歴史建造物や資料展示、カフェなどがある。

▶ Map P.116-B2

🏠 山上区山上里山上16號　📞 06-578-1900
🕐 9:30～17:30（最終入場16:30）　休 月
💰 100元（浄水池エリア無料）
🚌 台鐵「善化」駅から台湾好行バスで約18分、「臺南水道博物館」下車徒歩約2分

---

足元には大きな配管

C館。ポンプのほか、設備修理室や火力発電室がある。おみやげ販売も！

A館。急速濾過池室として使われており、地下には配管が現存している。現在は展示スペースに

C館に隣接するカフェ。マンゴーアイス（季節限定）65元や台湾おでん25元～が味わえる

快適に園内を回れる♪

園内を快適に回るパークトレイン。無料で乗車できる

季節の草花が咲く園内。子供が遊べる遊具もある

1 博物館に入ると迫力ある鹿のオブジェが迎えてくれる　2 中国サイ早坂氏亜種の全身骨格化石　3 吹き抜けにある海洋生物、陸生生物のオブジェ

**台湾の古代化石文化を体験!**

### 小学校が併設する台湾唯一の博物館
# 台南左鎮化石園區
タイナンズオヂェンホアシーユエンチュウ

台湾で最も古い人類のひとつとされる左鎮人は、博物館のある左鎮區で化石が発見された。館内では、左鎮人のほかマンモス、ステゴドン、古代鹿、ワニ、海洋・陸生生物などの化石を収蔵。化石収集に一生を捧げた故・陳春木についても学べる。

▶ **Map** P.117-C2

🏠 左鎮區榮和里61-23號　☎ 06-573-1174
🕐 9:00～17:00(最終チケット販売16:00、最終入館16:30)　🚻 水　💰 100元　💳 不可
🚍 台鐵「善化」駅から台湾好行バスで約31分、「左鎮化石園區」下車徒歩約3分

4 シラヤ族の生活道具を展示　5 実際に台湾へ漂着したクジラの物語を見られる「鯨劇場」　6 触って学べるスポット多数　7 建物横には小学校が

---

**台湾の星空を観察**

1 夜は満天の星　2 広い館内

### 台湾最大級の設備で星空観察を!
# 台南市南瀛天文園區
タイナンシーナンイン
ティエンウェンユエンチュウ

天文観測館、天文展示館、プラネタリウムのほか、スペースシャトルに乗った気分を味わえる映像鑑賞も。日中は周囲の景観を望め、土曜の夜には台湾の星空観察を楽しめる。併設レストランで食事もできる。

▶ **Map** P.117-C2

🏠 大內區曲深里34-2號
☎ 06-576-1076　🕐 9:00～17:00(土は夜も営業19:00～21:00)
🚻 月・旧暦大晦日　💰 屋外展望台・天文台は無料。星象館3D 130元、2D 100元。天文展示館50元　💳 不可　🚍 台湾好行バス「臺南水道博物館」バス停から台湾好行バスで約17分、「南瀛天文園區」下車すぐ ※台鐵「善化」駅から南瀛天文園區へ直行する台湾好行バスなし。台鐵「善化」駅からアクセスする場合は、橘線線バスで約26分、「南瀛天文園區」下車徒歩約4分

台湾最大級の展望台ドームと口径76cmの展望鏡。毎週土曜は展望鏡を夜間観察用に設置され、台湾の夜空を観察できる

見て、食べて、学ぶ！観光工場巡り

# 台南で大人の社会科見学

台南を代表する食品メーカーの裏側へ潜入！製造工程や商品の展示販売、DIY教室、観光工場限定の美食など、子供から大人まで楽しく学べる。知らない世界をのぞいてみよう！

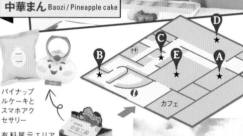

左に縦書き：
「奇美食品幸福工廠」は、当日の出入国航空券を持参すると、カフェのコーヒー1杯プレゼント。

## A DIY工房

パイナップルケーキやカップケーキ作りを体験できる。専用のクッキングスタジオにて、オリジナルのエプロンとコック帽を着用してからスタート。ていねいに教えてくれるので、スイーツ作り初心者でも安心。

🕐約1時間 🍽水果酥 幸福烘焙250元（体験により異なる） 📞HPより予約可 URL www.happychimei.com.tw/booking.php

**1** フルーツあんは、パイナップルやラズベリーなど

**2** 生地を手で延ばし、あんを包み込んで丸める

**4** 完成後その場で食べるのもよし、おみやげにも◎

**3** 型に入れてきれいに収める。あとは焼くだけ！

### パイナップルケーキ＆中華まん Baozi / Pineapple cake

パイナップルケーキとスマホアクセサリー

有料展示エリア（Bエリア）見学でプレゼント！

## B 肉まんブランドイメージホール

歴史や製造機器などの有料展示エリア50元。プレゼント（内容は変動する）がもらえる。

「中華まんの物語」を展示する。子供も楽しめる展示内容

## D 奇美テーマレストラン

工場見学のおみやげに

中華まんほか自社製品が食べられるビュッフェ。不定期でここだけのメニューも登場する。

🕐11:00～14:30 🏭工場に合わせる 🍽128元

**1** 子供用のエプロン499元
**2** 旺來甜心酥250元

## C フォトスポット 📷

Bエリアの一部。かわいいキャラクターがたくさん迎えてくれるので、記念に撮影しよう！

自社製品の展示もあるよ！

奇美食品幸福工廠のマスコットキャラクター

## E 奇美ストアー

菓子や冷凍食品などが並ぶショップ。パイナップルケーキ旺來甜心酥は工場限定商品で、甘味と酸味のバランスが絶妙。

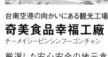

台南空港の向かいにある観光工場

# 奇美食品幸福工廠
チーメイシーピンシンフーゴンチャン

厳選した安心安全の地元食材を使った菓子や中華料理を販売する奇美食品の観光工場。館内では、展示室やフォトスポット、ビュッフェ、DIY、カフェ、ショップまであり満足度が高い。日本語パンフレットもある。

▶ Map P.116-B3

🏠仁德區機場路1008號 ☎06-269-8588 🕐9:00～17:00 🚫月（祝日は営業） 🍽50元 📞DIYはHPから予約が望ましい 🚃台鐵「保安」駅から紅3または5バスで約7分、「臺南航空站（奇美幸福工廠）」下車徒歩約2分 URL www.happychimei.com.tw/jp/index.php

カフェ

## ビールの製造工程

### ❶ 糖化＆煮沸
ビールの素になる麦汁を1日100リットルほど製造している。発酵工場へは専用のパイプで送られる

### ❷ 発酵
麦汁の糖分をアルコールと二酸化炭素に分解させる。麦汁を2℃で冷却し、酵母を入れてタンクで寝かせる

糖化～発酵までを行う新しい工場も！

❶と❷をひとつの工場で処理できる新しい工場。使用済み酵母を再利用する作業も行う

**包装は見学OK！**

### ❸ 梱包
パッキング工程。要予約で無料見学でき、スタッフが案内してくれる。商品が次々に流れる様子は圧巻！

### ❹ 配送
大きなトラックにのせて、おもに台湾南部（高雄、屏東、台南）へ配送されていく

工場入口にある瓶ビール形看板

## 台湾ビール
Beer 🍺

館内には、レトロかわいい配色の建物や、台湾ビールをモチーフにしたイラスト、ビール缶を再利用したオブジェが点在し、ファンにはたまらない空間

**TAIWAN BEER**
善化啤酒廠
Welcome to Shanhua Brewery

Ⓗ ★
糖化工場
Ⓖ ★
入口
Ⓕ ★

見学後の一杯は別格 ③

Ⓖ 啤酒文物館

ビールを製造する器具展示や、小麦の刈入れ、制作、発酵、熟成といった醸造工程が紹介されている。

ビール製造工程の解説。無料で見学ができるので、ぜひ立ち寄ってみよう

Ⓗ 産品推廣中心

各種台湾ビールをはじめ、自社の麺類や菓子などを販売するショップ。生ビールや焼きソーセージ（烤香腸）40元も味わえる。GMP認証を受けたシャンプーや化粧品はここだけの限定販売。

1 ビール酵母で作ったスナックやスーパーではなかなか手に入らないインスタント麺などがずらり 2 3目の前で注いでくれる生ビール60元

ボリューム満点

4 パイナップルビール、蜂蜜ビール各32元 5 南台湾限定販売の闇啤氣啤酒80元 6 紹興雪菜雞肉麵55元

### 台湾で初めてできたビール観光工場
# 台湾菸酒股份有限公司 善化啤酒廠
タイワンヤンジウグウフェンゴンスー シャンホアビージウチャン

1976年に建てられた台湾ビールの製造工場。その規模は台湾菸酒公司の製造工場トップ3に入り、台湾南部における重要な製造拠点である。館内ではパッケージ工程の見学や展示室、ショッピングを楽しめる。

▶ Map P.116-B2

🏠 善化區成功路2號 📞 06-583-8511 🕐 9:00～16:00（工場見学9:00～11:00、14:00～16:00）休 旧暦大晦日 💴 無料 ☎ 工場見学は電話にて要予約 🚃 台鐵「善化」駅から綠11バスで約5分、「綠生活社區」下車徒歩約5分

\Check!!/

**ここもチェック！**

### 台湾菸酒股份有限公司 隆田酒廠
タイワンヤンジウグウフェンゴンスー ロンティエンビージウチャン

もとは製麺工場が主体であったが、現在は高粱酒造りに重点を置いている。「北虫草文化展示園区」は、薬用酒をテーマに、五感で楽しめる展示内容。

▶ Map P.116-B2

🏠 官田區中華路1段335號 📞 06-579-1311 🕐 9:00～17:00。工場見学は月～金10:00～15:00 休 旧暦大晦日 💴 無料 ☎ 梱包工場見学は電話にて要予約 🚃 台鐵「隆田」駅から徒歩約10分

台湾の肉製品は、日本への持ち込みが禁止されているので注意。

**ソーセージ**
Sausage

**ここでの楽しみ方**

- ☑ レトロな台湾の風景をモチーフにした撮影スポットあり
- ☑ 黒橋牌の各種商品やクリエイターグッズをおみやげに
- ☑ より詳しく深掘りしたい人はガイドサービスもあり

1 創業当時のお店を再現した「海安路207號」。創業者の陳夫婦が切磋琢磨した時代を表現する　2 ソーセージ製造機　3 創業当時の厨房を再現　4 世界中のソーセージを紹介する

台湾ソーセージの歴史を変えた黒橋牌

**黒橋牌香腸博物館**

ヘイチャオパイシャンチャンボーウーグワン

1957年創業のソーセージメーカー。台南にある黒い橋のそばで創業したことから、この名前が付けられた。それまで硬くて塩辛かった台湾ソーセージを改良し、甘さとうま味のあるソーセージに。館内は昔の台南の街並みを再現しておりフォトジェニック。1階はショップや休憩コーナーがある。

▶ Map P.118-B3

住 南區中華西路一段103號　TEL 06-261-4186　開 9:30〜17:30（最終入館17:00）　休 月　料 無料　予 ガイドサービスはHPより要予約　URL www.blackbridge.com.tw/book　交 台鐵「台南」駅前站の南站から藍幹線バスで約16分、「香腸博物館」下車徒歩約2分

---

**食品**
Food

台南の米所・後壁にある食品観光工場

**卡多利亞良食故事館**

カードウリーヤーリャングーシーグワン

1981年にファストフード店からスタートし、その後インスタント食品も生産。現在は調味料や菓子も製造販売。2014年に食をテーマにした観光工場をオープン。地元の農家とタッグを組み、食と安全管理の展示のほか、季節食材を使ったグルメを楽しめる。

▶ Map P.116-B1

住 後壁區42-27號　TEL 06-687-4762　開 9:00〜17:00　休 月・火　料 無料　予 不要　交 台鐵「後壁」駅から徒歩約10分

地元の米や野菜のビュッフェ350元

**ここでの楽しみ方**

- ☑ 各種弁当や台南食材を使ったビュッフェ
- ☑ 地元食材をおみやげに
- ☑ ピザ作りのDIY体験あり

1 食材に関する各種展示のほか、ピザの手作り体験教室100元も人気。ビュッフェはベジタリアン料理もある　2 後壁駅から近くて便利。アットホームな雰囲気

# まだまだある！観光工場

**サツマイモ**
## 瓜瓜園地瓜生態故事館 グアグアユエンディーグアションタイグーシーグワン
サツマイモの栽培方法などを展示。サツマイモを使った軽食やショップも。
▶ Map P.116-B3
住 新化区中正路65-1號　電 06-590-2966　開 9:00～17:00　休 無休　料 不要　交 台鐵「永康」駅からタクシーで約16分

**スーツケース**
## 萬國通路創意觀光工廠 ワングオトンルーチュウンイーグアングアンゴンチャン
世界121ヵ国以上で販売するスーツケースメーカー。DIY体験もあり。
▶ Map P.116-B3
住 歸仁區中正南路二段1號　電 06-700-7600　開 8:00～17:00（最後入場16:30）　休 木　料 無料　予 不要　交 台鐵「沙崙」駅・高鐵「台南」駅からタクシーで約5分

**医療機器**
## 虹districuitクス凝膠世界觀光工廠 ホンタイシュエイニンジオシージェグアングアンゴンチャン
医療機器、ヘルスケア製品、凝固剤ほか製造工程の解説展示など。
▶ Map P.116-B3
住 仁德區中正路三段523巷116號　電 06-272-4880　開 9:00～12:00、13:30～17:00　休 月　料 100元　予 不要　交 台鐵「台南」駅從站からタクシーで約15分

**化粧品**
## 台鉅美妝觀光工廠 タイジュウメイヅアングアングアンゴンチャン
台湾初の化粧品観光工場。歴史展示や自分で化粧品を作れるDIYも人気。
▶ Map P.116-B3
住 仁德區中正路三段589號　電 0800-567-168　開 9:00～17:00　休 大晦日　料 無料　予 不要　交 台鐵「台南」駅站からタクシーで約15分

**家具**
## 美雅家具觀光工廠 メイヤージアジュウグアングアンゴンチャン
家具展示のほか、木工産業の歴史と触って学べる展示エリア、木工DIY教室。
▶ Map P.116-C1
住 白河区甘宅里101-1號　電 06-681-7456　開 9:00～17:00　休 月・火　料 無料　予 不要　交 台鐵「後壁」駅からタクシーで約15分

**蘭の花**
## 蘭都觀光工廠 ランドウグアングアンゴンチャン
蘭園を散策できるほか、スキンケアのDIY教室、蘭の花コスメを購入できる。
▶ Map P.116-B2
住 六甲區和平街185-7號　電 06-699-5208　開 8:00～17:00　休 無休　料 不要　予 不要　交 台鐵「隆田」駅から橘15バスで約13分、「蘭都觀光工廠」下車徒歩約5分

**ツバメの巣**
## 新百祿燕窩觀光工廠 シンバイリュウヤンウォーグアングアンゴンチャン
ツバメの巣ゼリーなどの商品製造工程の展示、自社商品のショップあり。
▶ Map P.116-A3
住 南區新和路38號　電 06-265-0924　開 9:00～12:00、13:00～17:00　休 月　料 無料　予 不要　交 台鐵「台南」駅前站からタクシーで約18分

**衛生用品**
## 康那香不織布創意王國 カンナーシャンブーヂーブーチュウンイーワングオ
女性と乳幼児向け衛生用品に特化。不織布の用途や生理ケアなどを学べる。
▶ Map P.116-A2
住 將軍區將軍里三角66之1號　電 06-794-1573　開 9:00～17:30（最終入館17:00）　休 月　料 無料　予 不要　交 台鐵「善化」駅からタクシーで約37分

**蜂蜜**
## 東和蜂文化觀光工廠 ドンフーフォンウェンホアグアングアンゴンチャン
ミツバチの生体やハチミツの製造工程の展示、カフェ、ハチミツの販売も。
▶ Map P.117-C1
住 東山區東正里東勢1-18號　電 06-680-0773　開 9:30～17:30　休 不定休　料 無料　予 不要　交 台鐵「新營」駅からタクシーで約16分

**織物生地**
## 和明織品文化館 フーミンヂーピンウェンホアグワン
生地の原料から製造工程、製造機展示のほか、染色体験150円～もあり。
▶ Map P.116-A2
住 七股區大埕里大埕189號　電 06-787-5288　開 9:00～18:00　休 月・火　料 無料　予 不要　交 台鐵「善化」駅からタクシーで約33分

**眼鏡**
## 華美光學eye玩視界觀光工廠 ホアメイグアンシュエアイワンシージェグアンゴンチャン
製造工場見学、自社の眼鏡＆サングラスの展示、眼鏡のDIY体験など。
▶ Map P.116-B2
住 安定區中沙里沙崙30號　電 06-593-7597　開 9:30～18:30、土～18:00　休 月　料 無料　予 不要　交 台鐵「新市」駅からタクシーで約14分

**家具**
## 台南・家具產業博物館 タイナン ジアジュウチャンイエホーウーグワン
無垢材家具メーカー。アンティーク家具や道具の展示、20種以上の木工体験。
▶ Map P.116-B3
住 仁德區二仁路一段321號　電 06-266-1193　開 10:00～17:00（最終入館15:30）　休 月　料 120元　予 不要　交 台鐵「仁德」駅からタクシーで約7分

**健康**
## 『腳的眼鏡』足部科學體驗中心 あしのメガネ ズウブークーシュエティーヤンヂョンシン
フットサイエンス体験センター。足に関するあらゆる資料や健康法の展示。
▶ Map P.116-A3
住 安南區工業一路23號　電 06-238-0713　開 9:00～12:00、13:00～16:30　休 祝　料 80元　予 不要　交 台鐵「永康」駅からタクシーで約29分

**漢方**
## 立璋中草藥產業文化館 リーカンヂョンツァオヤオチャンイエウェンホアグワン
漢方や台湾民間療法の歴史、自社商品の販売、蚊除け作り体験100円など。
▶ Map P.116-B3
住 永康區環工路29號　電 06-233-5356　開 8:00～17:30（最終入館16:00）　休 無休　料 無料　予 不要　交 台鐵「永康」駅からタクシーで約7分

**漢方**
## 天一中藥生活化園區 ティエンイーヂョンヤオションフオホアユエンチュウ
漢方薬の知識、文化などを学べる。伝統衣装を着て記念写真撮影も可。
▶ Map P.116-B2
住 官田區二鎮里工業路31號　電 06-698-5800　開 8:00～12:00、13:00～17:00（最終入館16:30）　休 金・土　料 無料　予 不要　交 台鐵「隆田」駅からタクシーで約7分

**製薬**
## 港香蘭綠色健康知識館 ガンシャンランリュウスージエンカンヂーシーグワン
漢方薬における製造工程の資料展示、薬用植物園、参考書ギャラリーなど。
▶ Map P.116-B3
住 新市區南科一路1號　電 06-505-2505　開 8:30～17:30　休 土・日　料 無料　予 不要　交 台鐵「南科」駅から南環藍線バスで約13分、「园立」下車徒歩約1分

**ケーキ**
## 彼緹娃藝術蛋糕觀光工廠 ビーティーワーイーシュウダンガオグアングアンゴンチャン
アートケーキをテーマにした観光工場。製造工程からケーキ作りまで。
▶ Map P.116-B2
住 佳里區民安里同安寮1-1號　電 06-723-6328　開 9:00～17:00　休 月～金　料 無料　予 不要　交 台鐵「善化」駅から橘幹線バスで約38分、「彼緹娃蛋糕工廠」下車徒歩約1分

**金属加工**
## 台南金屬創意館 タイワンジンシュウチュウイーグワン
台湾初の金属観光工場。金属を使ったDIYが人気。2023年5月現在休館中。
▶ Map P.116-B3
住 永康區永科環路598號　電 06-203-0728　開 9:00～12:00、13:00～16:30　休 水　料 100元　予 TELにて要予約　交 台鐵「永康」駅からタクシーで約7分

各駅停車の
區間車。北
方面は1番
ホームへ

後壁「上茄苳鐵道蓮
花」。夏はハスの花が咲く

白い木造駅
舎が印象的
な林鳳營駅
(P.51)

Chaozhou

臺南
Tainan

保安　←→　大橋
Bao'an　　　　Daqiao
7.6公里km　　　2.7公里km

台南駅からひと駅南下した保安駅は、124年前に建てられた木造駅舎で一見の価値あり!

## TODO LIST 13
### 台湾鉄道で北台南を攻略!
# ローカル列車で行く
# 鉄道旅

*Train*

台湾をぐるりと一周する台湾鉄道。
のんびり穏やかな車窓に目をやりながら、
駅弁を味わったり、スタンプを集めたり。
気ままに途中下車をして街へ繰り出そう。

### 鉄道旅の楽しみ方

**1 駅弁を買う**

台南駅構内の売店
では、スペアリブがのった八
角排骨便當80元など各種
弁当が購入できる。

**2 駅スタンプを集める**

各駅に記念スタンプがあ
るので集めよう。文具店
でスタンプ台をゲットして
おくと安心。

**3 窓からの風景を眺める**

台南駅を出発するとのど
かな田園風景や、台湾
の産業を支える工場群
が見えてくる。

\Check!/

**台南駅構内スポット**

駅舎は工事中のためシートに覆われている

**駅限定スタンプ**

台南駅の駅舎がモチーフ

服務台の前にあるテーブルにスタンプが数種類置いてある。スタンプ台も設置

**行李房**

台南駅前から徒歩約2分。台鐵が運営する荷物預かり所。1日50元

1 日本語の観光パンフレット多数　2 旅遊服務中心。コインロッカーの隣

**観光案内所**

**旅遊服務中心** リュウヨウフウウーヂョンシン

駅構内にある観光案内所。台南観光の情報収集や旅の途中で困ったことがあれば相談できる。

▶Map P.121-C1

住 東區北門路二段9號 電 06-229-0082 開 9:30～18:00 休 無休 交 台鐵「台南」駅前站改札横

### 台南駅

台南の玄関口。ここから旅がスタート!

台南の玄関口である中心駅。前站と後站がある。1900年に初代駅舎が建てられ、現在の駅舎は1936年に建てられたもの。国定古蹟に指定されている。高鐵台南駅と結ぶ沙崙線が接続。かつて2階にホテルとレストランがあったが、2023年6月現在、修復中。

---

散策が楽しい台南市民の憩いの場

### 台南公園 タイナンゴンユエン

日本統治時代の1917年に開園した台南最大の公園。園内には遊具や科学館のほか、清代に作られた重道崇文坊などの史跡もある。緑が多い園内では、高確率で野生のリスに合える!

▶Map P.121-C1

住 北區公園南路89號 電 なし 開 常時開放 交 台鐵「台南」駅北站から徒歩約7分

1 湖に浮かび上がる念慈亭が美しい
2 季節の草花が咲き気持ちいい

1 マグカップ580元
2 ミニバッグ600元
3 店内の絵は、手描き映画ポスターで有名な台南を代表するアーティスト顔振發氏によるもの
4 レンガ造り

史跡にオープンしたスターバックス

### 星巴克 台南文創門市

シンバークー タイナンウェンチュアンメンシー

2023年1月、台南文創園區内にオープンしたスターバックス。日本統治時代に建てられた台湾総督府専売局の台南出張所だった建物をリノベ。レトロモダンな店内でひと休みしたい。マグカップなどのオープン記念商品は、数量限定。

▶Map P.121-C1

住 東區北門路二段16號 台南文化創意産業園區 電 06-223-5690 開 7:30～20:00 休 無休 交 台鐵「台南」駅北站から徒歩約6分

0 ─── 100m

新化老街にある「新化老街咖啡」はコーヒーがおいしいと人気。2023年6月現在はテイクアウトのみ。

白レンブが目印の駅舎
新化老街へはここから!

## 新市駅

1901年に新市街駅として開業し、1920年に新市駅に改名した。新市区は果物の白レンブ(白蓮霧)が名産で、駅前にはレンブのオブジェがある。枝豆の産地としても有名。駅前のバス停からは新化老街や、國立台湾史前文化博物館 南科考古館(P.33)にもアクセスできる。

↑新市駅へ

國泰人壽
1934街役場古蹟餐坊
多来力社區超市
楊逵文學紀念館
仁愛街
富而樂超商
觀音亭
新化區農會
康是美
新化老街
新化公有零售市場
蘇家古厝
新化武德殿

忠孝路
新化區公所
民生路
果菜市場
長老教會
興南客運新化站バスターミナル
信義路
護安宮
復興路
大目降廣場
和平路
大目降文化園區

中正路
中山路
大同街
中興路

建國街
中山北路

新化區
公所

護安路

大目降故事館

100m

---

1 レトロな看板　2 町役場だった建物をリノベした「街役場古蹟餐坊」では火鍋やカフェスイーツが味わえる　3 美しい建物が建ち並ぶ

4 水果餅(小)35元　5 梅子椪餅20元。梅味のオリジナル椪餅　6 創業70年以上の菓子店「泰香餅舖」

バロック様式の洋館が並ぶ老街

## 新化老街
シンホアラオジエ

1921年から1937年に建てられた老街。「泰香餅舖」の水果餅は、サツマイモやオレンジ果汁で作ったあんが入る。1872年創業の老舗米穀店「晉発米穀商店」、雑貨店&レストランが入る「謝謝不廃／立賀佇遮」など個性豊かな店が並ぶ。

▶ **Map** P.116-B3

住 新化區中正路336〜441號　電 06-590-5009　開体 店舗により異なる　交 台鐵「新市」駅から緑1バスで約13分、「興南客運新化站」下車徒歩約3分

---

現在も使われている歴史的道場

## 新化武德殿
シンホアウードーディエン

現在の建物は1936年に建てられた二代目道場。かつて警察官が剣道や柔道を練習していた。床はバネを使った特殊な建築様式で貴重なもの。

▶ **Map** P.116-B3

住 新化區東榮里和平街53號　電 06-590-2192　開 9:00〜12:00、13:30〜17:00　体 月　交 台鐵「新市」駅から緑1バスで約13分、「興南客運新化站」下車徒歩約5分

緑に囲まれた美しい園内。室内では各種イベント展示や剣道教室が開かれている

---

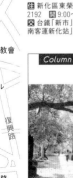

### 足を延ばしてオリーブの里・礁坑へ

礁坑のオリーブ山には、日本統治時代に植えられたオリーブの木があり、6・7月に花が咲き、11月に収穫期を迎える。礁坑社區では、不定期でオリーブ山の散策やオリーブを使った石鹸の販売などを開催する。

▶ **Map** P.116-B3

住 新化區礁坑里　交 台鐵「新市」駅からタクシーで約18分　URL www.facebook.com/jiaokeng2012

新鮮な牛肉を堪能するならこちらへ!

# 善化駅

台南市のほぼ中央に位置し、かつては台湾糖業鉄道玉善線、善化線が接続していた。駅前には当時の名残がある。台湾牛の取引所があったことから、新鮮な牛肉が手に入る。街なかには牛肉を使った牛肉湯や牛肉鍋を食べられる店が点在している。

1 1981年まで使われた善化駅 2 毎年12月〜3月が製糖期 3 茶席が楽しめる「南亭曲水流觴」 4 酵母アイス30元

緑が多く散策が気持ちいい製糖工場

## 深緑及水善糖文化園區

シェンユエンジーシュエイシャンタンウェンホアユエンチュウ

1904年に創業した製糖工場。台湾はサトウキビの産地で、各地に製糖工場があるが、現在稼働しているのは善化と雲林虎尾のみ。敷地内にある旧宿舎はリノベされ、展示室やカフェ、ベーカリーなどになっている。

▶ Map P.116-B2

住 善化區溪美里228號 📞 06-581-5057 開 10:00〜19:00 休 月 交 台鐵「善化」駅から橘幹線バスで約11分、「溪尾」下車徒歩約6分

かわいいエビ皿

1 善化牛墟の周辺にはフリマがずらり 2 日本統治時代の木型や皿が並ぶ 3 エビ皿350元 4 多くの人が訪れる

1 場内の「258牛肉湯」。牛肉湯100元 2 牛肉煠(小)60元。牛肉とタケノコたっぷりのスープ 3 レジに注文して支払い後、席に座って待つ

深緑及水善糖文化園區
建業路
進學路
善化牛墟
セブン-イレブン
阿牛仔牛肉湯
善化駅
中山路
善化夜市
中正路
楞林
南科

0　　500m

月に9日間だけ開催される市場

## 善化牛墟

シャンホアニョウシュウ

牛の公益売買が行われる牛墟は、全盛期には84ヵ所あったが、現在はここと、鹽水(P.97)、雲林のみ。現在、牛の取り引きは行われていないが、新鮮な牛肉料理が味わえる。場内は野菜やフルーツなど、さまざまな食品も並ぶ。

▶ Map P.116-B2

住 善化區南126區道102號 開 店舗により異なる 開 2、5、8、12、15、18、22、25、28日 休 左記9日間以外 Card 不可 交 台鐵「善化」駅から橘幹線バスで約8分、「什美」下車徒歩約10分

4 当日捌いた新鮮な牛肉が並ぶ 牛肉湯などは売り切れ次第終了、昼頃には営業が終わるので、お早めに!

強尼甜點工藝は、日本出国前にネットで注文し、ホテルかコンビニに届くよう手配しよう。

1930年に完成した烏山頭水庫。珊瑚潭とも呼ばれている

日本人技師が携わった東洋一のダム
## 八田與一紀念園區
パーティエンユイーイージーニエンユエンチュウ

台湾総督府の日本人技術者である八田與一が10年をかけて完成させた広大なダム。干ばつで水害が多かった嘉南平原が、ダムと用水路の完成後、穀倉地帯になった。園内には宿舎跡や資料を展示する八田技師紀年室がある。

▶ Map P.116-B2

住 官田區嘉南66號 電 06-698-2103 開 9:00〜17:00 休 水 料 100元 交 台鐵「隆田」駅から橘10バスで約23分、「嘉南里」下車徒歩約3分

1 八田與一の命日5月8日は追悼式典が行われる 2 八田與一紀念園區内には宿舎を再現した日本家屋が並ぶ 3 八田氏の書斎

観光大使の巧菱兒だよ

のどかな風景が広がる菱角のふるさと
## 隆田駅

1905年に開業した駅。かつては製糖鉄道が乗り入れていた。隆田駅のある官田は、田園地帯が広がり、栗に似たオニビシ（菱角）の名産地として有名。秋になると道路沿いに菱角を販売する屋台が出る。八田與一紀念園區へは、タクシーチャーターが便利。

週末限定の雑貨店&カフェ
## 藝農號 イーノンハオ

1930年代に建てられた精米所の建物をリノベした空間。國立臺南藝術大學の学生が手がけた作品やアクセサリーをはじめ、地元で作られた食品や調味料を販売する。併設するカフェは、夏場になるとマンゴーかき氷が登場する。

▶ Map P.117-C2

住 官田區大崎里39號-3 電 0984-353-161 開 10:00〜18:00 休 月〜金 交 台鐵「隆田」駅から橘10バスで約32分、「大崎」下車徒歩約1分

赤山龍湖巖
湖山派出所
「嘉南里」バス停
嘉南國小
八田宅
菺町
聖德宮
3D動畫館
八田與一紀念園區
興南客運
「烏山頭水庫」バス停
烏山頭水庫風景區
烏山頭水力発電所
切符売り場
保存蒸気機関車
八田與一像
ダムの上は道
親水公園
八田技師紀念室
珊瑚潭（烏山頭水庫）
鎮護宮
殉工碑
烏山頭水庫
隆田駅へ
天壇
中正公園
福爾摩沙高速道路
烏山頭橋
藝農號へ
300m

1 後壁で作られた漁師バッグをリメイクした雑貨 2 センスのよいアクセサリーがずらりと並ぶ。アイテム内容は変動する 3 木造の味わいある建物

無農薬で作られたハスの花から抽出した美容エキスをたっぷり配合

広い園内。ハスが開花する8月頃になるとハスの上に乗って写真を撮れるスポットが登場し、多くの人が訪れる

気軽に寄ってね♪

天然で安心！

### レトロな白い駅舎と南国の木々がかわいい
## 林鳳營駅

1943年に建てられた木造駅舎。駅周辺は農村地帯が広がっており、のどかな風景。「林鳳營牧場」があり、牛乳の産地としても知られる。落葉樹が美しい「六甲落羽松森芥」は、紅葉シーズンはヨーロッパのような風景になりフォトジェニック。

### ハスが美しい園内で美を磨く
## 九品蓮花生態教育園區
ジウピンリエンホアションタイジャオユィーユエンチュウ

ハスやスイレンの研究者であり、「香水蓮の父」と呼ばれる林瑑古氏が設立した生態教育園。500種余りの品種が栽培され、世界最大種や希少種のほか、独自開発した香りのよいスイレンも。それらを使ったグルメや化粧品を購入できる。

1 園内では九品香水蓮花茶やハスの花を使った火鍋が食べられる　2 香水蓮花保濕化粧水500元　3 乾燥させた食用ハスの花7点セット499元　4 九品蓮花香水蓮花保濕精華液800元

▶Map P.116-B1
住 六甲區中社里林鳳營109-1號　電 06-698-6968
開 8:00〜17:30（レストラン11:00〜14:00）　休 無休
Card 不可　交 台鐵「林鳳營」駅から徒歩約6分

### 小さな駅舎を出て酪農の街へ
## 柳營駅

中華風の瓦屋根が特徴の駅舎。台湾全国第2位の酪農地区とされる。台湾で著名な画家・劉啓祥氏の記念館「劉啓祥美術紀念館」がある。オランダ製の赤い風車が建つ「德元埤荷蘭村」は、毎年10月になると風車祭りが開催されて多くの人でにぎわう。

1 ギフトセット680元。2種類を選べる

2 茶韻如詩（アールグレイ）6個入り285元
3、4 雪玫馥絲（ローズ、ライチ、ラズベリー）6個入り315元　5 2023年中に開店予定の店舗

柚惑龍心6個入り315元。日本高知県産の柚子を使用

兄弟で一緒にやっています

### 台湾の伝統菓子がおしゃれに変身！
## 強尼甜點工藝 Johnny Yan pâtissier
チャンニーティエンディエンゴンイー　ジョニー ヤン パティシリー

2021年創業。フランスでパティシエの勉強をしたジョニーさんが、絹糸のように飴を伸ばして作る伝統菓子「龍鬚糖」をアレンジしたスイーツの店を開業。厳選食材を使い、紅茶、チョコレート、抹茶など5種類を販売。常温で30日保存できる。

▶Map P.116-B1
住 柳營區育英街193巷5號　電 0905-088-082　開休 2023年6月現在はネット販売のみ。2023年中に店舗オープン予定
Card JMV　交 台鐵「柳營」駅から徒歩約16分

6 手作業で行う伝統製法　7 店舗兼工房。2023年6月現在、店頭での販売は行っていない

井仔脚瓦盤鹽田で食べられる鹽鹵豆花は、素朴な甘さと塩味が絶妙でおいしい！

後壁
新營
柳營
林鳳營
隆田
拔林
善化
南科
新市
永康
大橋
台南
保安
仁德
中洲

沙崙

台南第2の主要駅から
フォトジェニスポットへ
## 新營駅

特急列車（自強号）が停車する台南第2の駅。「新營鐵道文化園區」では、かつてサトウキビを輸送する際に使われた台湾糖業鉄道を見学できる。中心部には緑豊かなアートスポット新營美術園區もあり、サイクリングロードも整備されている。

空が塩田に映り込む人気の夕景スポット
### 井仔脚瓦盤鹽田
ジンザイジャオワーパンイエンティエン

台湾に現存する最古の瓦盤塩田。園内では塩の天日干しや、天秤棒担ぎ、収穫体験ができる。調味料や塩を使った歯磨き粉を販売。日没時間をチェックしてから出かけよう！

天日で乾かして塩の結晶を作る。もとは清朝時代の瀬東塩場。1818年に移転し、約200年の歴史がある

Map **P.116-A1**

住 北門區永華里井仔脚興安宮旁 TEL 06-786-1629 開 9:00～18:00 休 無休 交 台鐵「新營」駅からタクシーで約35分

草花が気持ちいい屋外美術館
### 新營美術園區
シンインメイシューユエンチュウ

「都市こそが美術館」をコンセプトに、嘉南水圳の支流に造られた屋外美術館。季節の草花が咲き、台湾の著名アーティスト不二良氏のフィギュアが並ぶ。

Map **P.116-B1**

住 新營區公園路一段139號 TEL なし 開休 常時開放 交 台鐵「新營」駅から棕幹線バスで約5分、「南新國中」下車徒歩約6分

レインボーカラーの回廊やさまざまなアートスポットが並ぶ独創的な園内

肉不使用の中華まん香菇素食肉包28元、緑豆あん入りの緑豆椪70元

伝統的な味わいの太陽餅30元や、小豆と鴨の塩卵入りの大鳥豆沙蛋黄酥8個440元も人気

地元で愛される伝統菓子店
### 滋養軒 ズーヤンシュエン

1950年創業。各種伝統菓子やパンが並ぶ。パイナップルケーキは3種類で、酸味のある土鳳梨酥40元、まろやかな鳳梨酥35元、卵黄入りの鳳凰酥35元がある。ギフトボックスも用意。

Map **P.116-B1**

住 新營區中山路254號 TEL 06-632-2322 開 9:00～21:00 休 無休 交 台鐵「新營」駅から徒歩約13分

新營美術園區
新營駅
後壁
民治路
南瀛綠都市公園
民生路
三民路
滋養軒
中山路
井仔脚瓦盤鹽田へ
復興路
公園路
新營糖廠
柳營

0 200m

4代目が切り盛りする人気店

期間限定の
スイーツも

菁寮老街にある金徳興中藥鋪。1700年
代に建てられた元漢方薬局

映画の世界観をたっぷり堪能♡

## 金徳興中藥行後院
ジンドーシンチョンヤオシンホウユエン

日本でも大人気の台湾ドラマ『俗女養
成記』のロケ地。ドラマに登場したリビング
やキッチン、寝室が忠実に再現されて
フォトスポットに。ドリンクやスイーツも販
売している。

▶ Map P.116-B1

住 後壁區墨林里菁寮191號　電 06-662-1261
時 10:00～17:00　休 火・水　料 50元　交 台鐵
「後壁」駅から黄6バスで約8分、「西菁寮」下車
徒歩約3分

金徳興中藥鋪の裏手にドラマの世界が
広がる。伝統的な建築様式である三合
院。主人公の陳嘉玲が幼少期を過ごした
家を再現したレトロな空間

後壁
新營
柳營
林鳳營
隆田
拔林
善化
南科
新市
永康
大橋
台南
保安
仁德
中洲
沙崙
長榮大學

台南駅から約1時間
台南最北にある木造駅舎

# 後壁駅

嘉義県にほど近い立地にある
駅舎。1902年に建てられた日
本式木造建築で、保存状態
がよい。ロータリーにはドキュ
メンタリー映画『無米樂』の像
がある。駅前にはレンタサイク
ル（慢慢租車店、1時間30元）
もあるので、自転車で出かける
のもおすすめ。

野菜たっぷり！
大満足！

▶ Map P.116-B1

住 後壁區7-2號　電 0952-669-199
時 11:00～13:00（土・日～14:00）
休 月・木　交 台鐵「後壁」駅から黄6バ
スで約8分、「西菁寮」下車徒歩約1分

地元の農家飯を味わえる食堂

## 富貴食堂 フーグイシータン

米どころとして有名な後壁。招牌焢肉飯
80元は、地元産の米に煮込んだ豚の角
煮などがのる。伝統的な煮汁で炊いた
豆腐・滷百頁豆腐20元や、麩に似た滷
素肚40元もおすすめ

散策が楽しい老街へ

## 菁寮老街 ジンリャオラオジエ

昔懐かしい木造建築が
並ぶ老街。『俗女養成
記』にちなんだカフェや
ショップをはじめ、1934年
創業のかき氷店「和興
氷菓部」や、レトロな時
計が並ぶ「瑞榮鐘錶店」
など見どころが多い。

▶ Map P.116-B1

清代に宿場町として栄え、かつては劇場
やホテル、レストラン、ビリヤード場などが
あってにぎわった

住 後壁區262號　電 06-662-2725　時 店舗により異なる　交 台鐵
「後壁」駅から黄6バスで約8分、「西菁寮」下車徒歩約4分

金徳興中藥行後院
墨林農村
文物展示館
富貴食堂
菁寮老街
後壁駅へ
セブン-
イレブン
後廍外環道
0　　100m

# TODO ☑ LIST

# 14

*Shampoo & Spa*

駅近！地元で愛される美容室で

# 台湾式シャンプー&
# 極上エステ体験

台南で台湾式シャンプーや
エステを体験するなら、
地元民が絶大な信頼をおく
安心価格でベテラン揃いの
アットホームな美容室へ！
台南中心部にあるので
旅の途中に立ち寄りやすい。

鏡の前や店内に置かれた花は、いけばな小原流を習っていたオーナーの王さんによるもの。

## おすすめメニュー

- 洗髪（シャンプー）
  約30分350元
- 面部美容
  （フェイシャルエステ）
  約60分300元

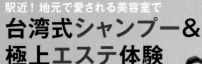

♪のんびりしてね♪

⑤ シャンプー台もレトロ！顔を下にさげるので若干顔に水がかかるが、きれいに拭き取ってくれる

## 1 台湾式シャンプーからスタート！

① サービスでコーヒーかお茶を淹れてくれる。まずはていねいに髪をとかしてからスタート

② シャンプー液を髪に付けながら、泡立てていく。専用の液体なので垂れてくることはない

③ 優しくマッサージしながらシャンプーしてくれる。痒いところがあれば指を差して伝えよう

台湾式シャンプーの目玉、髪を立たせてくれる。ここがシャッターチャンス！

④ わーい！写真を撮らなきゃ

⑥ 席に戻り、肩をマッサージしたら、髪を乾かしながらブラッシング。サラサラな髪の毛に！

## 2 お店自慢のフェイシャルエステも体験！

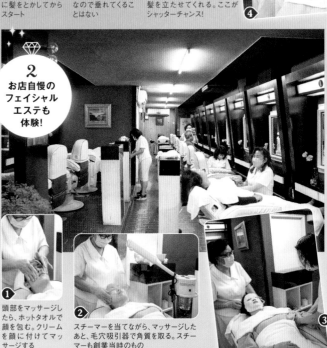

① 頭部をマッサージしたら、ホットタオルで顔を包む。クリームを顔に付けてマッサージする

② スチーマーを当てながら、マッサージしたあと、毛穴吸引器で角質を取る。スチーマーも創業当時のもの

③ 自家製のキュウリクリームを塗って、パックをする。パック中は全身をマッサージしてくれる

ベテラン揃いの美容室で満足度◎

### 東來高級理髪廳
ドンライガオジーリーファーティン

1980年創業。店主の王秀蓮さんは、日本人が経営する美容室でマッサージを習得した。気持ちよくってキレイになる台湾式シャンプーにトライ！

▶Map P.121-C1

住 中西區成功路63號 電 06-221-5898 開 9:00～19:00 休 月 予 望ましい Card 不可 交 台鐵「台南」駅前站から徒歩約5分

店名にある「高級」は値段が高いという意味ではなく、上質なサービスという意味

# TAINAN
# GOURMET &
# SHOPPING

Feel free to enjoy
Gourmet & shopping in Tainan !

## 台南で食べたいグルメ&M.I.Tみやげ

おいしい小吃店が多い台南のなかでも、店主のこだわりが光るお店を厳選!
自分用に、おみやげ用に持ち帰りたいメイド・イン・台湾(M.I.T)も要チェック。

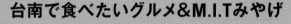

# リーズナブルで大満足!
# 台南ローカルグルメ

台南といえば、ハズせない小吃。
地元で愛され続ける老舗から
伝統の味を守りながらも
新しいことにチャレンジする
注目の新顔まで厳選して紹介!

台南は、看板を持たない無名店が点在する。街なかを散策して穴場を発掘しよう!

台南名物を食べに来てね

エビ増量で大満足!

蝦仁飯(加蝦)85元。通常量の蝦仁飯は60元

豚とエビのコラボ!

蝦仁飯(加肉絲)75元。エビ飯に豚肉を追加!

蝦仁鴨蛋湯50元。エビ、豚肉、溶き卵入りスープ

甘めの味付け

エビご飯

## 蝦仁飯とは?
大きな鉄鍋に、赤エビ(火燒蝦)やカツオでだしを取ったスープを入れ、ご飯に吸わせながら炒めて作る。その歴史は日本統治時代まで遡るという。エビの香りが食欲をそそる!

蝦仁飯
シァレンファン

名物ご飯

常連客はエビ増量×目玉焼きを注文!

### 集品蝦仁飯
ジーピンシアレンファン

下記「矮仔成蝦仁飯」創業者の息子がオープンした店。常連客は、エビ増量の蝦仁飯に、鴨の目玉焼き(煎鴨蛋)20元をのせる。旬の野菜を使った小皿料理(小菜)40元もおすすめ。

▶Map P.122-A3
住 中西區海安路一段107號 TEL 06-226-3929 時 9:30～20:30 休 無休 Card 不可 區 台鐵「台南」駅前站の北站から5バスで約6分、「小西門」下車徒歩約6分

ローカルな雰囲気を味わいたいならこちら。食事時はいつも行列

蝦仁飯(小)65元、鴨蛋湯35元、香煎鴨蛋20元

蝦仁飯発祥の店で伝統の味を堪能する

### 矮仔成蝦仁飯
アイズーチョンシアレンファン

1922年に屋台からスタートした有名店。2019年にリニューアルオープンした。だしがしっかりと効いた蝦仁飯は、エビのうま味が凝縮されて美味。目玉焼き(香煎鴨蛋)は硬さを選べる。

蝦仁飯を食べ比べ!

▶Map P.120-A2
住 中西區海安路一段66號 TEL 06-220-1897 時 8:30～19:30 休 無休 Card 不可 區Menu 台鐵「台南」駅前站の北站から5バスで約6分、「小西門」下車徒歩約4分

エアコン完備で、気軽に入りやすい店舗

## 創業150年以上のちまき専門店
# 再發號 ザイファーハオ

1872年創業。「特製八寶肉粽」は、台湾産の厳選豚肉、ホタテ、アワビ、イカ、干しエビ、黄卵、高級シイタケなど8種類の具材が入った豪華なちまき。サイズはなんと幅約14×9cm!

▶Map P.123-D1

**住** 中西區民権路二段71號 **電** 06-222-3577 **時** 10:00～20:00 **休** 不定休 **Card** 不可 **交** 台鐵「台南」駅前站から徒歩約12分

選食材を使い、毎日内で手作りしている

肉燥飯(小)25元や乾麺40元なども食べられる

綜合羹60元。ヤリイカと練り物が入ったとろみスープ

**粽とは?**
ちまきのこと。南部のちまきは、北部に比べて大きく、薄めの味付け。店によってはピーナッツ粉や甘い醬油と一緒に食べる。生の餅米と味付けされた具材を竹や月桃の葉で包んで蒸す。

特製八寶肉粽160元。ほかがアワビなしの八寶肉粽110元、豚肉メインの肉粽60元

蚵仔麺線(乾)60元。カキと麺線の炒めもの

綜合湯40元。肉団子や揚げパンが入った人気メニュー

## 米糕。(ミーガオ)

煮込んだ豚肉と肉でんぶのハーモニー♡

**米糕とは?**
米糕＝おこわのこと。台南では、(餅米の)上にとろとろに煮込んだ豚(魯肉)、魚のでんぶをかけたものが多い。台湾北部では、竹筒に入れたものを蒸す「筒仔米糕」をよく見かける。

目玉焼き(荷包蛋)13元を米糕にのせても美味

## 行列必至!路地裏の小さな穴場店
# 無名米糕 ウーミンミーガオ

2代目が切り盛りする店内。米糕(小)30元には、台湾産の豚肉を使った魯肉とカジキのでんぶがのる。注文は、メモに記入して店員に渡すシステム。肉団子や卵などを煮込んだ魯味5～25元もおすすめ。

▶Map P.123-D2

**住** 中西區中山路8巷5號 **電** 06-223-3817 **時** 9:30～15:00、17:00～20:00 **休** 日 **Card** 不可 **交** 台鐵「台南」駅前站から徒歩約11分

家族経営。知る人ぞ知る店で、アットホームな雰囲気

掃除が行き届いている。混雑時は相席となる

売り切れ次第に終了となるのでお早めに!

意麺や雞絲麺は、おみやげにも人気！地元のスーパーマーケット（P・80）で手に入る。

一度食べたら、トリコに！

食事時はいつも満席の人気店

## 醇涎坊古早味鍋燒意麺
チュンシエンファングーザオウェイグオシャオイーミエン

揚げた意麺に、魚のフライや卵がのったボリューミーな一品。スープは、ていねいに下処理した新鮮なカジキとエビでだしを取っている。魚のフライは20元で増量できる。

▶Map P.122-A3

住 中西區保安路53號 Tel 06-221-5033 時 6:00〜20:30 休 火 Card 不可 日Menu 台鐵「台南」駅前站の北站から5バスで約6分、「小西門」下車徒歩約4分

日本人にも人気です

グルメストリート保安路にある人気店

### 意麺とは？
小麦粉に卵を加えてこねたシンプルな麺。鹽水（P.96）は産地として有名。台南では、この意麺を低温の油で揚げた麺や、日本の鍋燒きうどんがもとになった「鍋燒意麺」も人気が高い。

まず席を確保してから記入式伝票で注文する

意麺 イーミエン
雞絲麺 ジーミーミエン

細麺がやみつき！

台湾版インスタントラーメン

名物麺

### 雞絲麺とは？
小麦粉と卵で作られた細い麺を油で揚げて天日干しした即席麺。湯をかけるだけで食べられ、小吃店や夜市などでもよく見かける。スーパーには、麺に鶏がらスープを混ぜて揚げたものもある。

店主の張群彬さんが温かく迎えてくれる店内。2階建てでカウンター、テーブル席あり

自慢の味をどうぞ！

おしゃれなカフェ空間で本格意麺

## 第二碗
### Second bowl
ディーアルワンセカンド ボール

永康の人気意麺店「多泉多鍋燒」の2代目が、2021年にオープン。麺やスープは先代の味を伝承しており、本格的な味わい。麺は、意麺、雞絲、うどん（烏龍麺）、冬粉（春雨）から選べる。

沙茶（魚介ベースの調味料）75元。麺は雞絲麺

泡菜起司（キムチチーズ）100元。麺は意麺。台湾菊花茶M40元

▶Map P.119-D1

住 北區長榮路四段133號 Tel 06-275-0001 時 11:00〜19:00 休 日 Card 不可 台鐵「台南」駅前站の南站から5バスで約10分、「中樓」下車徒歩約5分

鍋燒意麺（小）60元。麺はうどんやビーフンなど

小巻切盤
120元。イカ
を軽く湯に
潜らせた

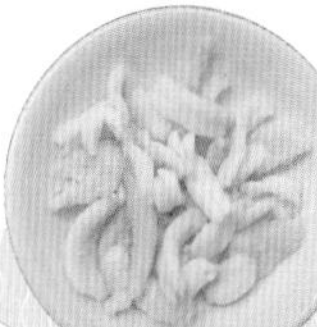

小巻蛋80元。5～
8月頃限定ヤリイカ
の卵。数量限定

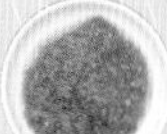

左から白コショウ。小巻米粉にかけると味
が締まる。自家製の辣椒。五味醤は、タマ
ネギ、ショウガ、ニンニク、フルーツをブレンド

小巻米粉とは？

スッキリとしたスープに、新鮮なヤリイカ、太く短いビーフン、セロリが入る。シンプルがゆえにイカの鮮度とスープのおいしさが決め手。葉家小巻米粉も人気。▼Map P.122-A3

鮮度にこだわる！

小巻米粉を愛する夫婦が開いた専門店

### 孫家小巻米粉
スンジアシャオジュワンミーフェン

▶Map P.118-A2

住 安平區安平路97-3號
電 0937-348-127　営 10:30〜20:00
休 水　Card 不可　交 台鐵「台南」駅前站の北站から2バスで約33分、「石門里」下車徒歩約4分

2019年3月創業。外航船と提携し、インド洋で採れたヤリイカを急速冷凍して運んでいる。他店とは比べものにならない鮮度のよさ。スープは野菜やフルーツでだしを取っている。

素材の味を楽しんで！

安平老街からほど近い、アットホームで清潔感のある店。週末は開店と同時に満席となる人気ぶり

注文を受けてからイカに火を通すため食感◎

小巻米粉90元。米粉は高雄で手作りされたもの

イカビーフン

小巻米粉

シャオジュワンミーフェン

魚麺 ユイミエン

魚ヌードル

手工魚麺（乾・小）60元。スープ入りもある

プリプリでやみつき！

歯応えのよい手作り魚麺はスープ入りも！

魚酥肉燥飯（小）25元、滷鴨蛋15元。魚でんぶご飯と鴨の煮卵

中心部にある便利な立地。黄色い看板が目印

ほかでは珍しいエソのあっさり麺

### 夏家手工魚麺
シアジアショウゴンユーミエン

2020年末に開店した魚麺の名店「卓家汕頭魚麺」の娘さんが営む店。中国の広東や珠海で採れた新鮮なエソを使った自家製麺は、小麦粉不使用。開店前から行列ができる。

▶Map P.122-B3

住 中西區府前路一段353號　電 06-214-4400　営 11:30〜17:00（土〜15:00）
休 日　Card 不可　交 台鐵「台南」駅前站の北站から5バスで約6分、「小西門」下車徒歩約5分

魚餃+魚冊湯45元。魚肉入り厚皮餃子と練り物

魚麺とは？
エソ（狗母魚）のすり身を使った麺。太めの縮れ麺で、魚の風味がふんわりと広がる。麺の味を堪能したい人は汁なしの乾麺、スープありは湯麺を注文しよう。

## 小吃
シャオチー
### 軽食

保安街〈▶Map P.122-A3〉はグルメストリートとして有名。地元客が通う小吃店がずらり！

### 炸蝦捲とは？

新鮮な赤エビ、豚肉、セロリ、ネギなどを網脂に包んで揚げたもの。外はサクサク、中はプリプリ！付け合わせのガリとよく合う！永記虱目魚丸〈▶Map P.123-D3〉の豆皮蝦捲もおすすめ。

アツアツを食べて！

黄金海鮮派
1皿2個入り80元。魚介たっぷり

炸蝦捲1皿2個入り80元。必食看板メニュー

台南擔仔乾麺55元、綜合湯〈3種の団子〉50元

#### 安平名物・エビ巻き揚げの人気店
### 周氏蝦捲 台南總店
ヂョウシーシアジュワン
タイナンゾンディエン

1965年創業。1980年前後に蝦捲を改良してメインメニューに。新鮮なエビを厳選し、大ぶりにカットしているためプリプリでジューシー。台南肉粽55元、虱目魚肚湯110元など小吃もある。

▶Map P.118-A2
安平區安平路408-1號 ☎06-280-1304 ⊙10:00〜21:30 休無休 Card JMV 台鐵「台南」駅前站の北口から2バスで約28分、「望月橋」下車徒歩約1分

週末は行列ができる。安平みやげショップも入る

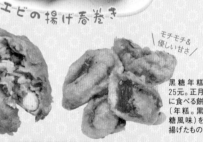

エビの揚げ春巻き

### 蚵嗲とは？
コーディエ

台湾中南部はカキの養殖が盛んなため、新鮮で肉厚なカキが手に入る。おたまに生地を流して衣を作ってからカキやニラをたっぷりのせ、さらに生地をひいてから揚げている。

エビがプリプリ！

鮮蝦嗲50元。新鮮なエビ、ニラなどがたっぷり

モチモチ＆優しい甘さ

黒糖年糕25元。正月に食べる餅〈年糕。黒糖風味〉を揚げたもの

杏鮑菇30元。ジューシーなエリンギのフライ

大粒カキがゴロゴロ！

カキのかま揚げ

蚵嗲（多蚵）50元。多蚵＝カキ多めの意味

テイクアウトのみ。親切な店主が迎えてくれる

注文を受けてから揚げるため少し時間がかかる

#### 行列必至！地元で人気の蚵嗲店
### 蔡家蚵嗲 ツァイジアコーデイエ

看板メニューの蚵嗲ほか、約11種類の揚げものが楽しめる。お好みで辣醬をかけても美味。先に記入式で注文、支払いをして、番号札をもらって待つシステム。売り切れ次第終了となる。

▶Map P.119-C1
北區公園路453號 ☎06-281-8629 ⊙14:30〜19:00 休月 Card不可 台鐵「台南」駅前站の北口から藍幹線バスで約5分、「建成市場」下車徒歩約1分

シンプルな店。席数は約5席ほどの小さな空間

蒸し立てアツアツを食べられる。テイクアウトも人気!

大きな蒸し器に、ていねいに並べられた肉圓

クセになる食感!

ぶにぶに肉入りだんご

肉圓1皿(3粒)40元。売り切れ次第に終了!

ローカルに愛される肉圓専門店

### 嗎哪肉圓
マナーロウユエン

新鮮な食材を使い、手作りしている。食感のよいプニプニ生地に、しっかり食べ応えのある肉餡が入る。お好みで、刻みニンニク、ワサビ、辣椒醤(トウガラシソース)をかけて。

▶ Map P.122-A3

住 中西區國華街二段108號 電 なし 時 6:00〜18:00 休 無休 Card 不可 交 台鐵「台南」駅前站の北站から5バスで約6分、「小西門」下車徒歩約3分

毎日飲みたい優しい味

四神湯20元。新鮮な小腸とハトムギのスープ

---

\\ 台湾南部といえば、こちらもハズせない! //

### 南部限定のハンバーガーショップ

丹丹漢堡 成功店
ダンダンハンバオ チョンゴンディエン

1984年創業。高雄、台南、屏東で展開するチェーン店。フライドチキンを挟んだハンバーガー(鮮脆雞腿堡)のほか、麺線や粥もおすすめ。

▶ Map P.120-B1

住 北區成功路380號 電 06-222-6848 時 10:00〜21:30 休 水 Card 不可 交 台鐵「台南」駅前站の北站から3バスで約6分、「西門路三段口」下車徒歩約3分

写真上は、12番の豚肉粥+フライドチキン89元。写真左下は、9番の麺線+フライドチキンバーガー109元。ドリンク付き

### フルーツ店で食べてほしいカットトマト

台南や高雄にあるフルーツ店では定番のカットトマト(番茄切盤)。甘いショウガ醤油を付けていただく。

台湾でよく食べられている品種「黒柿」。酸味が絶妙!

---

### あちらこちらで見かけるドリンクスタンド

茶之魔手 民族萬昌店
チャーデーモーショウ ミンズーワンチャンディエン

1993年創業。台湾南部を中心に約600店舗を展開する。南投県名間の契約農家から届く台湾茶を使う。小さいサイズがあるのがうれしい。

▶ Map P.121-C2

住 中西區民族路二段52號 電 06-222-0312 時 9:30〜21:30(土・日〜22:00) 休 無休 Card 不可 交 台鐵「台南」駅前站から徒歩約5分

金鑽青茶(中)40元。夏期限定。台湾青茶×パイン

厳選したパイン!

紙コップでエコ!

黒糖珍珠歐蕾(中)55元。黒糖×自家製タピオカ

「茶の魔手」という看板が目印。台南駅近で便利な店舗

注文を受けて
から作ります

# 肉汁あふれる
# 薄皮&厚皮小籠包

数あるお店のなかから、店主の小籠包への愛、
食材のこだわりが強い2店舗をピックアップ。
肉汁弾ける薄皮派、天然酵母モチモチ厚皮派、
どちらも一度は味わってほしい名店である。

薄
籠
包
は
、
ま
ず
は
何
も
付
け
ず
に
そ
の
ま
ま
で
。
た
れ
は
黒
酢
3
に
対
し
て
醤
油
1
が
黄
金
比
と
言
わ
れ
て
い
る
。

## 薄皮派

肉汁が口に
広がる♡

### 蝦仁蒸餃
プリプリッと
したエビの
食感が絶
品！／80元

### 香辣小籠湯包
薄皮と自家製麻辣餡の
バランスが◎／75元

必食

小籠包はもちろん蝦仁蒸餃も絶品！

## 上海御品小籠湯包
シャンハイユーピンシャオロンタンバオ

台南で人気の「上海好味道小籠湯
包」で修業を積んだ店主が腕を振る
う。厳選した食材と手作りにこだわ
り、余計な添加物は加えていない。注
文を受けてから作り上げるため、少し
時間がかかる。

### 小籠湯包
薄皮に濃いめの
味わいの豚肉餡
が入る／75元

1 刻みショウ
ガ 2 醤油、
酢、自家製
辣醤などは
お好みで

▶ Map P.119-D3

住 東区榮譽街120號 電 0916-993-367
営 11:00～14:00、16:00～20:30 休 木
Card 不可 交 台鐵「台南」駅南站からタクシー
で約12分

## おすすめ SIDE MENU

### 特製麻辣麺
本格的に辛い
自家製麻辣と
細麺／小45元

### 綜合丸湯
魚団子と肉団
子が入ったスー
プ／25元

### 酸辣湯
まろやかな辛さ
と酸味が絶妙
／35元

3 掃除が行き届い
た清潔な店内
4 住宅地にある黄
色い看板が目印

---

テイクアウト専用の肉厚小籠包

## 貓舌頭小籠包
マオショートウシャオロンバオ

## 厚皮派

モチモチの
皮が美味♡

2013年にフードトラックからスタートし
た店舗。毎日早朝から手作りしてお
り、皮は天然酵母、豚肉は当日切り分
けた新鮮なもの、紅豆包にはフラン
ス産バターを使う。客足が途切れるこ
とはなく、売り切れ次第終了。

▶ Map P.119-C1

住 北区旭日街103號 電 0980-003-
301 営 6:00～9:30、14:00～19:00(売り
切れ次第終了) 休 土・日
Card 不可 交 台鐵「台南」
駅前站の南站から18延バス
で約7分、「和緯路一段」下
車徒歩約2分

親切なオーナーが迎えて
くれる。小籠包は1個か
ら注文可能。手作りの
復刻紅茶15元も人気

自慢の味を
試してみて

ていねいに
包み込む

### 鮮肉厚皮小籠包
厚皮にしっかりとした味
わいの餡／6個70元

### 奶香紅豆包
甘さ控えめのこし
餡がバターと合う
／1個12元

① 三杯雞
⑨ 蒸鮮魚
② 龍鬚菜
③ 芒果蝦球
⑩ 白蘿蔔燉排骨酥湯
⑧ 薑燒虱目魚肚
⑥ 手工黑豬肉香腸
⑤ 三色蛋
⑦ 東坡肉
④ 炸蝦球

## 台南を代表する料理店で

# 台湾伝統料理に舌鼓

台湾で継承されてきた味を堪能するなら
空間づくりもすばらしいレストランへ行きたい。
昔懐かしい家庭料理が人気の「筑馨居」と、
宴会料理が味わえる「阿美飯店」をご紹介！

❶鶏肉をゴマ油、醤油、米酒で煮込んだ伝統料理　❷佛手瓜
（ハヤトウリ）の葉を炒めたもの　❸エビフライとマンゴーのマヨ
ネーズがけ　❹エビ餡が入ったフライ　❺鶏卵、アヒル卵、アヒ
ル卵の塩漬けを蒸したもの　❻黒豚で作った自家製ソーセージ
❼豚の角煮。醤油でトロトロに煮込んでいる　❽魚肚魚（サバ
ヒー）の腹部とショウガの煮魚　❾新鮮な魚の蒸しもの　❿ダイ
コンとスペアリブのスープ

### 伝統的な台湾宴会料理を味わえる

## 阿美飯店
アーメイファンディエン

1959年創業。かつて台南の高
級料亭で出されていた酒家菜
が味わえる貴重な店。酒家菜と
は台湾料理と日本料理が融合
したもの。名物の砂鍋鴨は、白
菜や鴨を丸ごと入れて、炭火で
約3時間煮込んだ濃厚スープ。

**砂鍋鴨**
大きな鍋なので4人以上
がおすすめ／1000元

▶Map P.123-D1
🏠中西區民權路二段98號　☎06-
222-2848　🕐11:00〜14:00、17:30
〜21:00　🈺火　🈺土・日・祝は望ま
しい　Card 不可　🚃台鐵
「台南」駅北站から徒歩約13分

**紅蟳米糕**
カニたっぷりの炊き込み
おこわ／1100元

台南中心部にある便利な立地。
赤いテーブルクロスがレトロでか
わいい。壁には絵画が並ぶ

### 人数に合わせた家庭料理を食べられる

## 筑馨居 デュウシンジウ

1876年築の古民家を使った台湾料
理レストラン。完全予約制（2名から
予約可、1名600元）で、予約人数に
合わせた台湾家庭料理が味わえる。
固定メニューはなく、季節の食材を
使ったおまかせとなる。

▶Map P.122-A1
🏠中西區信義街69
號　☎0927-307-890
🕐11:30〜14:00、17:30
〜21:00　🈺無休
🈺要予約　Card 不可
🚃台鐵「台南」駅前站
の北站から約8分、バス
の「金華成功路口」下車徒歩約4分

1 昔懐かしいポスターやおもちゃが置かれている　2 一青妙さん
原作の映画『ママ、ごはんまだ?』の舞台になった　3 アンティー
ク家具が並ぶ　4 重厚感のある入口

手切りの特級台湾牛420元。数量限定

台湾牛のハツ、レバー、ゼンマイセット350元

手切り一級台湾牛290元。軟らかく人気の部位

当日捌いた天然ハタの切り身350元。数量限定

## サイドメニュー&ドリンクも充実!

滷台湾牛肉飯45元。白飯に台湾牛煮がのる。防腐剤や着色料はゼロ

五味醋魚片45元。魚のフライに酸味のある五味ソースをかけたもの

タケノコサラダ250元。夏季限定。タケノコに台湾マヨを付けて

キャベツ
牛骨肉野菜スープ
カボチャ
揚げ豆皮
ダイコン
台湾牛小鍋
肉だんご
豆腐

1～3人前190元。地鶏鍋や豚鍋もあり

台南でときどき目にする「温體牛」とは、冷凍などしていない当日捌いた新鮮な牛肉のこと。

## ヘルシー志向の地元客が集まる
# 台湾牛肉鍋・薬膳鍋

産地直送の新鮮な台湾牛を堪能するなら、地鶏や豚肉、台湾料理も味わえる火鍋店へ。旅に疲れてきたら、漢方をたっぷり煮出した薬膳鍋を食べてリセットするのもおすすめ!

おすすめのたれ配合

台南伝統の味なら甘い醬油だれの醬油膏＋刻みショウガ。上記に豆瓣醬とネギを加えても美味

## 安心・安全な食材にこだわる牛肉火鍋
### 永林綜合料理
ヨンリンゾンフーリャオリー

台南善化から毎日届く牛肉が名物のレストラン。火鍋のスープは、牛骨と野菜を毎日煮込み、人工調味料などは加えていない。牛肉湯や各種台湾料理も人気で、豚肉は雲林、鶏肉は鹿野、魚は澎湖、墾丁のものを使用する。

▶Map P.119-D1

火鍋の野菜やキノコ、麺は自分で冷蔵庫に取りに行く

自分で追加食材は取る!

🏠 北區東豐路411號　📞 06-209-3462　🕐 11:00～22:00(LO21:00)　休 無休　Card AJMV　🚇台鐵「台南」駅前站の南站より右バスで6分、「長榮東豐路口」下車徒歩約6分

1 カニは季節限定で時価とした店内は個室もある　2 2階。広々

薬膳鍋で身も心もポカポカ♡
## 郷野炭焼羊肉爐 永華店
シャンイエタンシャオヤンロウルー　ヨンホアディエン

薬膳鍋のスープは、クコの実や当帰など数十種類の漢方を使い、約68時間煮出して作られている。羊肉はニュージーランド産。夏季は、永華店が休業するため安平店(▶Map P.118-A2)を利用のこと。

▶Map P.120-A3

🏠 南區永華路一段243號　📞 06-264-6282　🕐 17:00～翌2:00(土日16:00)　休 無休　Card 不可　🚇台鐵「台南」駅前站の南站より10バスで約11分、「文南路口」下車徒歩約2分

1 広々とした店内。ドリンクは自分で取りに行く　2 赤い看板が目印

薬膳羊肉爐

2人前590元、4人前990元。キャベツ、羊肉が付く

羊肉
キャベツ
薬膳スープ

石炭を使って火にかけるのがここのスタイル

おすすめのたれ配合

何も付けなくてもよいが、ネギ醬油や、豆腐乳が入った辣腐乳、豆瓣醬を付けても味わい深い

追加食材をプラス!

1 野菜などの追加食材は一皿60元　2 米血　3 手工極品貢丸

小羔羊肉片190元。輸入ラムの切り身。6分ほど煮込むとよい

羊腳筋190元。スープに入れると濃厚な味わいになるラムの膝関節

## おすすめ SIDE MENU

羊油拌飯40元。羊肉と羊油をかけたやみつきご飯。ビールとも相性◎

蒜香麵線50元。ニンニクの香りがたまらない人気メニューの麺線炒め

# 台湾メイドのクラフトビールや 人気のリノベバーで乾杯！

台南でクラフトビールを楽しむなら
醸造所がある専門店で味わおう。
友人へのおみやげにもぴったり！
個性豊かなバーが点在する台南。
清朝時代の古民家バーで乾杯しよう。

＼フルーティ／
蜜蜜水蜜桃
150元。さわ
やかなピー
チサイダー

＼トロピカル／
芒果冰橙
果昔艾爾啤
酒150元。市
政府コラボ

＼甘口！／
台南・空氣
甜・奶油艾
爾150元。スイーツ系

Beer

1 ビールの銘柄は
変動する。1杯180
元 2 レモングラス
に似た馬告風味の
ビール

南南食材にこだわるクラフトビール店

## 沃隼醸造 WE Drink Beer Company
ウォースンニャンザオ ウィードリンク ビア カンパニー

台南発のクラフトビール醸造所。神農街
（P.90）にある店舗では、ビールサーバーか
ら注ぐ4種類のビールが飲める。生クリーム
がのった奶油啤酒は、スイーツ感覚で楽し
める人気メニュー。

▶ Map P.122-A1

住 中西區神農街108號 TEL 06-358-
3994 時 16:00～24:00（金・土～翌
1:00）休 火 Card 不可 交 台鐵「台
南」駅前站の南站より14バスで約5分
「西門民權路口」下車徒歩約6分

ノンアルコールの奶
油啤酒180元。大根
クラッカーとポップ
コーンの菜脯餅混爆
米花50元

スタイリッシュな店内

Bar

清朝時代に建てられた古民家
を再利用。レコードでかける音
楽は味わい深い

バーカウンターにはひと
り客の姿もある

古民家バーでいただく創作カクテル

## Lola 蘿拉冷飲店
ローラ ルオラーロンインティエン

数々の古民家リノベを手がけて
きた林文濱さんによるバー。セン
スのよい空間で、オリジナルカク
テルや台湾のクラフトビールが
楽しめる。カクテルの鳳梨摩西
多は、新鮮なパインを使い、自家
製のドライパインがのる。

店内では映画が上映さ
れ、のんびりと思いおも
いの時間を楽しめる

鳳梨摩西多
300元。新鮮な
パインを使った
モヒート

盲女籟魂記300
元。ペッパーソー
ス入り！

季節野菜の炒め物。
漁夫阿伯的拿手花
椒炒時蔬200元

▶ Map P.122-A1

住 中西區信義街110號 TEL 06-
222-9376 時 18:00～翌1:00（金・
土～翌2:00）休 月 Card 不可 交 台鐵「台南」駅前站
の北站より1バスで約8分。「菱洲官」
下車徒歩約4分

信義街にある店
舗。ライトアップ
されて幻想的

# 台南で愛され続ける
# 懐かしスイーツ&

台湾ではプリプリ食感やモチモチ食感のことを「QQ（キューキュー）」と表現する。

台湾でよく見る"古早味"とは、「昔懐かしい」という意味。台湾南部ならではの古早味なスイーツとドリンクはこちら！街歩きのひと休みやお供にぜひ立ち寄ってみよう。

› 湯圓好きは
必食！

› Recommend!
湯圓とは餅米を丸めた団子のこと。台湾では旧暦1月15日（元宵節）と冬至に食べる習慣がある。ここは人気店が点在する立地にあるので、休憩にぴったり。

## Ⓐ 隠藏版湯圓冰
黒糖シロップがかかった氷の上に、紅白のモチモチ湯圓がきれいに並べられている／50元

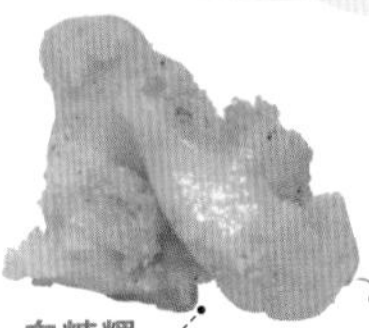

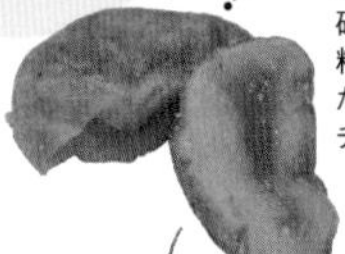

### 蕃薯椪
サツマイモをつぶした皮の中に、砂糖とピーナッツ粉を入れて揚げたボール。モチモチ食感

› Recommend!
名物の豆腐冰は、杏仁豆腐、抹茶豆腐、鮮奶（ミルク）豆腐の3種類。おすすめは、お茶の香りがさわやかな抹茶豆腐。豆腐もトッピングも甘さ控えめ。

› 一度食べたら
ハマっちゃう

イチオシ！

### 白糖粿
餅米と砂糖を練って揚げて砂糖をまぶしたもの。揚げたての餅はとろとろなので、やけどに注意！

### 芋頭餅
カリカリに揚げた皮の中に食べ応えのあるタロイモ。ホクホクとした素朴な味わいが美味

› Recommend!
Ⓑ
3個30元。商品は3種類のみで、好きな組み合わせを選べる。白糖粿はマストバイで、いつも行列が回転は早い。アツアツ揚げたてをどうぞ！

THANK YOU VERY MUCH

## Ⓒ 抹茶豆腐冰
台湾産抹茶の抹茶豆腐冰、紅豆（小豆）、練乳をプラス／60元（抹茶豆腐のみは35元）

---

### Ⓐ 康樂市場内にある伝統スイーツ店
**阿川古早味粉圓冰**
アーチュワングーザオウェイフェンユエンビン

豆花やかき氷（剉冰）、冬瓜茶などの昔ながらのスイーツやドリンクが並ぶ。手作りのトッピングは、愛玉子の種をもんでゼリーにした愛玉、タピオカ（粉圓）、サツマイモ粉をゼリーにした粉粿など9種類。

▶ Map P.122-A3
🏠 中西区海安路一段82號 ☎ 06-223-9373 ⏰ 10:30～22:00 休 無休 Card 不可 🚃 台鐵「台南」駅前站の南站より1バスで約5分、「中正西門路口」下車徒歩約6分

テラスで風を感じながら味わうスタイル

### Ⓑ 行列必至の白糖粿を求めて
**台南林家白糖粿**
タイナンリンジアバイタングイ

1960年創業の屋台。メニューは、揚げた餅に砂糖をまぶした白糖粿、タロイモをサンドした芋頭餅、サツマイモの素朴な甘さとモチモチ感が楽しい蕃薯椪の3種類。開店前から行列ができる人気ぶり。

▶ Map P.122-A3
🏠 中西区友愛街213-2號 📞 なし ⏰ 11:30～19:00 休 不可 Card 不可 🚃 台鐵「台南」駅前站の南站より1バスで約5分、「中正西門路口」下車徒歩約5分

若者が集まる友愛街にある人気屋台

### Ⓒ 天然素材や手作りにこだわる豆腐かき氷
**懷舊小棧杏仁豆腐冰**
ホアイジウシャオヂャンシンレンドウフービン

中華風の要素を取り入れた落ち着きのある店内で、手作りの豆腐冰をいただける。トッピングは、緑豆、ハトムギ（薏仁）、チョコレート、ハスの実、パイナップルなど。保存料や着色料は一切使っていない。

▶ Map P.120-B3
🏠 中西区五妃街206號 📞 06-215-8157 ⏰ 10:30～22:00 休 無休 Card 不可 🚃 台鐵「台南」駅前站の北站よりバスで約13分、「體育公園」下車徒歩約3分

5人の妃を祀る「五妃廟」の向かい

---

# ドリンク

イチオシ！

**冬瓜 + 氷砂糖**

**卵 + ミルク + レモン**

## Column

### ドリンクスタンドの注文方法

まずは飲みたいドリンクを注文し、砂糖の量、氷の量を伝える。店によってはトッピングもできる。

● **砂糖の量**
半糖（バンタン）：日本の標準くらい
微糖（ウェイタン）：甘さ控えめ
無糖（ウータン）：砂糖なし

● **氷の量**
多冰（ドービン）：多め
少冰（シャオビン）：少なめ
去冰（チュービン）：氷なし

—— Recommend! ——

メニュー数が多い。券売機で購入するシステムなので、中国語で注文するよりハードルが低い。

—— Recommend! ——

20年ほど前まではよく飲まれていたというドリンク。新鮮な卵を使っているので安心。懐かしい味わい。

独特な甘さ

クセになる甘さ

Ⓓ **冬瓜檸檬**

冬瓜と氷砂糖を煮出した冬瓜茶に、レモン汁をプラスしてさわやかに。夏にぴったり！／(中)30元

Ⓔ **蛋蜜汁**

卵の黄身、牛乳、レモン、ハチミツを入れたドリンク。レモンがアクセントに／50元

**パパイヤ + ミルク**

とろとろの濃厚パパイヤ

緑茶 + グラペラリーフ汁

阿里山産の飲むサプリ！

**パイナップル + リンゴ**

—— Recommend! ——

パパイヤ本来のおいしさをダイレクトに感じられるパパイヤミルク。甘さ控えめでまろやか。

—— Recommend! ——

スモモのようなフルーティな酸味がさわやか。阿里山で有機栽培された石蓮花を使ったドリンク。

イチオシ！

—— Recommend! ——

パイナップルの繊維をしっかり感じるドリンク。酸味がある台湾リンゴとベストマッチ！

Ⓔ **緑茶多酚**

血糖値を下げる効果が期待できるグラペラリーフ（石蓮花）汁と緑茶を割ったドリンク／40元

Ⓕ **木瓜牛奶**

パパイヤ、ミルクに少し砂糖を入れたドリンク。水を加えていないので濃厚／(小)60元

Ⓕ **鳳梨蘋果汁**

地元産のパイナップルにリンゴをプラスした一品。パイン×トマトも人気／60元

---

### 先祖代々のレシピで作る冬瓜茶

**Ⓓ 義豊阿川冬瓜茶**
イーフォンアーチュワンドングアチャー

1912年創業。冬瓜と氷砂糖で作る伝統製法を守り続けている。オリジナルの原味冬瓜茶25元をはじめ、マンゴーやローゼル、牛乳、烏龍茶などと割ったドリンクが約45種類も！自宅で楽しめる固形タイプもある。

▶ Map **P.123-C1**

🏠 中西区永福路二段216號 ☎ 06-222-3778 🕘 9:00～20:30 休 無休 Card 不可 🚃 台鐵「台南」駅前站の北站より3バスで約6分、「赤崁樓」下車徒歩約1分

「祀典武廟」(P.11)の向かいにある

### 常連客に愛される癒やしの空間

**Ⓔ 西羅殿旁紅茶店**
シールオディエンパンホンチャーディエン

1996年創業。家族で営むアットホームな喫茶店。台湾緑茶系を中心に、アイスコーヒー35元や定番のタピオカミルク40元、スムージーなども楽しめる。カウンタースタイルの店内がレトロでフォトスポットになっている。

▶ Map **P.120-A1**

🏠 中西区康樂街200號 ☎ 06-225-3768 🕘 9:30～19:00 休 不定休 Card 不可 🚃 台鐵「台南」駅前站の北站より3バスで約10分、「成功路西段」下車徒歩約8分

「西羅殿」のお膝元にあり常連が集う

### 1962年創業のフルーツ店

**Ⓕ 阿田水果店**
アーティエンシュイグオディエン

季節のフルーツをフレッシュジュース、カットフルーツ（切盤）、スムージー（冰沙）で味わえる。注文を受けてからフルーツを切り、食材の糖度によって砂糖を調整している。

旬の味覚を味わって！

▶ Map **P.122-B2**

🏠 中西区民生路一段168號 ☎ 06-228-5487 🕘 12:30～22:30 休 火 Card 不可 🚃 台鐵「台南」駅前站より4バスで約5分、「西門民權路口」下車徒歩約3分

青果店激戦区で愛され続けている老舗

## 即買い必至のかわいさ
# メイド・イン・台南

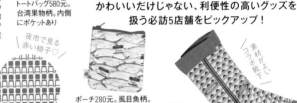

台湾文化を伝承する雑貨やチャイナシューズ、丈夫な帆布におしゃれな漁師バッグまでかわいいだけじゃない、利便性の高いグッズを扱う必訪5店舗をピックアップ！

1階はショップ、2階は生地や創業当時の写真を展示、3階は不定期で企画展が開催される

トートバッグ580元。台湾果物柄。内側にポケットあり

\夜市で見る赤い椅子♡/

ポーチ280元。虱目魚柄。内部に仕切りあり

\麺を干す風景を表現/

\業者がよいコラボ靴下/

靴下220元。靴下ブランド「Cosi Socks」とのコラボ

### 台湾の伝統文化をかわいくおみやげに
## 錦源興 ギンゴアヘン

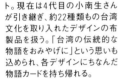

1923年に生地問屋としてスタート。現在は4代目の小南生さんが引き継ぎ、約22種類もの台湾文化を取り入れたデザインの布製品を扱う。「台湾の伝統的な物語をおみやげに」という思いも込められ、各デザインにちなんだ物語カードを持ち帰れる。

▶Map P.122-A2

中西區中正路209巷3號 06-221-3782 10:00〜18:00 月・火 JMV 台鐵「台南」駅前站の南站から紅幹線バスで約7分、「中正西門路口」下車徒歩約3分

コースター450元。1960年代に誕生した椅子

\新商品が続々登場！/

A5ノート80元。關廟麺を干す風景を描いたイラスト

\一点一点に物語がある/

購入した商品のカードを持ち帰り、物語を知ろう

オーナーの小南生こと楊子興さん

印花裡袋
1つ580元
2つ980元

台湾の伝統文化をおみやげに

一つひとつ物語を込めたデザインがすてき

# を持ち帰る

憧れの刺繍入りチャイナシューズ

棚一面にぎっしり並べられたチャイナシューズ。試し履きができるので、ゆっくり時間をかけてお気に入りを探そう

Omend!

店主も把握できないくらいの数が並ぶチャイナシューズ。女性の足に合わせた商品を中心に、男性用や子供用もあり。刺繍の複雑さや靴のデザインによって値段は異なるが、全体的にリーズナブル!

店頭。年季の入ったハサミで図案をカットしていく

レース地や、カジュアルなデニム地などさまざま

布問屋などが点在するエリア。細い路地の先にある

繊細な花柄にうっとり

平劇靴350元。デニムにも相性がよい色

鮮やかな緑が美しい

緑地にボタンの花が刺繍されている350元

平劇靴350元。上品な柄で足元を華やかに

普段使いにぴったり!

平劇靴350元。日本人に人気が高いデザイン

一つひとつ手作りの靴を求めて

## 年繍花鞋 ニエンシウホアシエ

生地から手作りしているチャイナシューズ。素足でも気持ちがいいシルク素材で、靴底も1.5cmほどのため履き心地がよい。シンプルな服装のワンポイントに重宝し、普段使いはもちろん、パーティなど幅広く使える。オーダーメイドも可能。

▶ Map P.122-A2

住 中西區中正路193巷13號 電 06-220-0045 営 12:30～20:00 休 無休 Card 不可 交 台鐵「台南」駅前站の南站から紅幹線バスで約7分、「中正西門路口」下車徒歩約3分

台南にはほかにも帆布店が点在しており、台北に支店がある廣富號（▶Map P.123-D1）も人気！

**Recommend!**
本誌編集もこちらで買ったトートバッグを愛用中。ノートパソコンなど重いものを入れても平気で、マチがあり自立するのもうれしいポイント。手洗いでき、内ポケットもあって、コスパ最強。

ハンドメイドの帆布バッグ

ショルダーバッグ900元。肩紐の柄もすてき

バイカラーがおしゃれ

手作りされているので、形は少しずつ異なる

トートバッグ500元。サイズは4つから選べる

丈夫で長く使えてコスパ抜群！
# 永盛帆布行
ヨンションファンブーハン

1920年創業。もとは米軍テントを作っていたため、頑丈な作りを得意としている。店内にはミシンがずらりと並び、黙々と作業をするスタッフの姿が。工房が中心となっておりショップは一部だが、気さくな店主が迎えてくれるので商品を見せてもらおう。

▶**Map** P.123-C2

住 中西區中正路12號　TEL 06-227-5125　時 9:30～20:00（日10:00～18:00）　休 無休　Card 不可　交 台鐵「台南」駅前站から徒歩約15分

店の前には鳥籠があり、看板インコがあいさつをしてくれる

デザイン性の高い布雑貨が充実！
# 合成帆布行
ニフーチョンファンブーハン

1956年創業。1階がショップで、2階が工房になっており、ミシンの音が聞こえてくる。旅にも使えるポーチのほか、ドリンクホルダー、ペンケース、iPad袋、コースターなどの小物類が充実。カラーバリエーションがあるのもうれしい。

▶**Map** P.123-D2

住 中西區中山路45號　TEL 06-222-4477　時 9:00～20:00（土・日～19:00）　休 無休　Card 不可　交 台鐵「台南」駅前站から徒歩約10分

**Recommend!**
永盛帆布行より生地は柔らかめ。伝統製法を守りながら、今の時代や生活習慣にフィットするデザインを開発し続けている。時代に左右されない配色で長く使えてグッド！手洗い推奨。

ショルダーバッグ400元。7色展開。内ポケット多数

ペンケース380元。2つに分かれていて利便性が高い

1階ではバッグの金具などをハンマーで取り付けている様子も見学できる

1階での作業風景。味のある木製ハンマー

自社で出版した雑誌「桃城晃遊」を読める

キュートなＭ・Ｉ・Ｔ・雑貨たち

1階は、台南メイドを中心に、台湾で作られたセンスのよい雑貨がずらりと並ぶ

**Recommend!**

1階は、台南後壁名産の漁師バッグをリメイクした雑貨や、おばあさんの手編みバッグなど自分用に調達したいグッズばかり。2階は優しい光が入るカフェ(P.88)なので、ひと休みできる。

透南風の桃城晃遊150元。カフェで試読可能

軽くて使いやすい

礎器工作室の布盒220元。小物入れによい

手編みのバッグ

ポーチや小銭入れなど120〜180元

漢方入りでさわやかな味

台南育ちの歌手、謝銘祐氏のコンサートDVD 999元

ditto

Ditto Bakeryのホットワイン香料180元

礎器工作室の小杯袋250元。かわいいドリンクホルダー

イラストがかわいい♡

お気軽に寄ってね♪

茄茳阿嬤工作坊のカゴバッグ1750元。手編み製

台南の良品はここでゲット!

### 透南風咖啡聚場
トウナンフォンカーフェイジュウチャン

築60年の古民家をリノベしたショップ&カフェ。台湾南部を中心に文化芸術、映像、出版など幅広く活動している透南風が手がけている。15時半になると、店の一角にてベーカリー「Ditto Bakery」が厳選食材を使ったパンを販売する。

▶Map P.122-B3

🏠 中西區永福路二段35巷6號
📞 06-223-8338 🕐 11:00〜19:00
🚫 月〜水 Card 不可 🚌 台鐵「台南」駅前站の南站から紅幹線バスで約6分、「林百貨」下車徒歩約3分

露森手作皂の天然石鹸。左から、初搾りシアバター、アプリコット×ユーカリ各180元

レトロな窓枠(鐵窗花)と植物がすてきな穴場店

かわいいパッケージ

イチオシ!

**A** PAPAYA HANDMADE SOAP

石鹸

**A** パパイヤ酵素配合の手作り石鹸。皮膚の古い角質を除去し、油分を調整する／150g120元

**A** 台南麻豆名産の柚子の花エキス配合。肌の潤いや美白効果が期待できる／100g90元

**C** 1947年創業「新萬仁」の胃腸薬。消化不良や胃痛に。手のひらサイズもよい／95g138元

**B C** 「京都念慈菴」のビワのどシロップ。オリジナル味。無糖もあり。防腐剤は不使用／75g58元

ヘルスケア

イチオシ!

台南メイドの古寶無患子

**B C** 「めぐりズム」の台湾限定アイマスク。ヨモギの香り。漢方もあり／5枚入り189元

**B** 大漢酵素とコラボした酵素サプリドリンク。マンゴーなどの成分配合。POYA限定／50ml55元

**A** エッセンシャルオイル配合の虫よけスプレー。ほぼ天然成分で作られている／100ml250元

**A** 天然ムクロジエキスを配合した洗顔料。乾燥を防ぐ効果が期待できる／180ml280元

無患子はムクロジ!

**A** ディープホワイトニング洗顔石鹸。真珠粉ほか15種類の植物成分を配合／100g95元

顔や体に使える!

旅にも持ち歩きたい!

# 台湾メイドの デイリーコスメ

日本でも人気が高い台湾メイドの天然コスメ。街中に点在しているドラッグストアはもちろん、地元密着型のスーパーマーケットや台南温泉郷のとっておき泥パックもおすすめ!

---

**A** 農協が運営する地元密着スーパー
## 台南市農會超市
タイナンシーノンフェイチャオシー

台南産の野菜やフルーツをはじめ、台湾各地から厳選した調味料、コスメ、菓子、麺類などが揃うローカルスーパー。コスメは、天然成分で作られたものが多く、地元で愛され続けているものが揃う。コスメのおすすめは、ムクロジを使った台南メーカー古寶無患子のもの。

▶Data P.79

**B** 台南発!あらゆる商品が揃う雑貨店
## POYA寶雅 台南小門店
ポヤパオヤー タイナンシャオメンディエン

1985年創業。台湾全土で300店舗以上を展開する。コスメやファッション雑貨、キッチン用品、文房具など。台湾ブランドとコラボしたオリジナル商品や、独占販売の輸入品も多数。

▶Map P.121-C2

住 中西區北門路一段101號 電 06-223-2626 時 10:00～22:30 休 無休 Card AJMV 交 台鐵「台南」駅前站から徒歩約7分

**C** 台南駅すぐ!オレンジの看板が目印
## 康是美 鐵站門市
カンシーメイ ティエヂャンメンシー

1995年創業。台北発のドラッグストア。台湾全土に400店舗以上を展開する。流行コスメを中心に、薬や韓国コスメも豊富に扱う。地元客はもちろん日本人観光客からも人気が高い。

▶Map P.121-C2

住 東區北門路一段314號 電 06-222-7047 時 10:00～21:00 休 無休 Card AJMV 交 台鐵「台南」駅前站から徒歩すぐ

02

台湾メイドのデイリーコスメ

**C**
「PEZRI」の17ペプチドエッセンス。肌を引き締める成分が期待できる成分を配合／15ml980元

**B**
「TIMARU」のワセリン。天然成分で全身に使える。フリージアの優しい香り／50g69元

**B**
「FRUSIRNANA」の日焼け止めクリーム。天然成分で肌にも環境にも優しい／45ml539元

**BC**
美容パック。左から「雪芙蘭」の美白、「豐台灣」のハトムギミルク、「氣顔森活」の日月潭紅玉／各69元

スキンケア

**BC**
「Neogence」のブライトニングUVクリーム。幅広い肌質に使える。環境にもよい成分／30ml490元

**B**
紫外線ダメージの修復効果が期待できるホワイトニングエッセンス。POYA限定／30ml 380元

イチオシ！

虫よけや
日焼けに！

**BC**
「新萬仁」の小黒蚊（刺されると強烈な痒み）スプレー。コンビニにもあり／25ml135元

ハーブ（左手香）、ホホバオイル、ミツロウ配合。天然成分で肌に優しい／18g170元

虫よけ＆
痒み止め

**C**
「新萬仁」の万能オイル緑油精シリーズの痒み止め。ロールオンタイプ／15ml139元

**BC**
万能オイル（白花油）のロールオンタイプ。虫刺され、肩こり、やけど、頭痛などに／15ml180元

\Check!/
わざわざ買いに行きたい！
温泉郷の泥コスメ

### 關子嶺温泉とは？

陽明山、北投、四重溪と並ぶ台湾4大温泉のひとつ。泉質は弱アルカリ性炭酸泉に属する。

關子嶺温泉の中心部から徒歩約12分

泥パック（無瑕淨透清潔面膜）／150ml1490元

入浴剤（温泉泥香氛泡澡球）／150g239元

### SINTER顏璽 關子嶺門市
シンターヤンシー グアンズーリンメンシー

地元・關子嶺温泉の泥から抽出したミネラルと美白成分を配合したコスメを販売する。さまざまなミネラルが肌のトーンを明るくし、古い角質を除去、新陳代謝を上げる効果が期待できる。台南後壁産で無農薬栽培の米を使ったシリーズも人気。

▶ Map P.117-C1

住 白河區關子嶺41-2號　電 06-662-1790　営 11:00〜21:00　休 木　Card JMV　交 台鐵「新營」駅の新營客運新營站から黄幹線バスで約29分、「白河轉運站」で黄13バスに乗り換えて約26分、「勞工育樂中心」下車徒歩約2分

### コスメ探しで使える中国語

| | |
|---|---|
| ● 化粧水 | 化妆水（ホアヂュアンシュェイ） |
| ● クリーム | 乳霜（ルウシュアン） |
| ● 保湿 | 保濕（バオシー） |
| ● 洗顔 | 洗面乳（シーミエンルウ） |
| ● 美容パック | 面膜（ミエンモー） |
| ● 石鹸 | 肥皂（フェイザオ） |
| ● 虫よけ | 防蚊液（ファンウェンイエ） |
| ● 日焼け止め | 防曬乳液（ファンシャイルウイエ） |

# とっておきの茶藝館で
# 上質な茶葉＆茶器を
# 手に入れる

左から2020年夏摘み東方美人6g360元、2022年冬摘み清香包種茶6g340元、2021年春摘み紅韻白茶5g400元

台湾茶を持ち帰るなら、茶器、空間造り、入れ方を学べるすてきな茶藝館へ。じっくりお茶を楽しむ場合、2時間は確保したいが、1時間でも心豊かな至福のひとときを過ごせる。

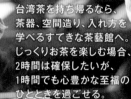

茶荷

茶杓

茶壺

水盂

心地よい音楽が流れる店内。1杯目は店主が目の前で入れてくれる

茶海

聞香杯

茶杯

ひとつの茶葉につき6〜7煎ほど楽しめる

## お茶の入れ方

① 湯を茶壺に注ぎ、茶具を順番に温める。水盂に湯を捨てる

② 茶葉を茶壺へ入れて香りを嗅ぐ。茶葉により適量は違う

③ 湯を茶壺に注ぐ。湯の適温は茶葉の種類によって異なる

④ 1分ほど時間をおいてから茶壺の中の茶を茶海へ移す

⑤ 茶海の茶を聞香杯へ入れ、聞香杯から茶杯へ茶を移す

⑥ 聞香杯の香りを楽しんだあと、茶杯の茶をいただく

---

自然栽培の台湾茶をカジュアルに
## 壹二茶堂 イーアルチャータン

店主の劉思廷さんがひとりで営む茶空間。自ら農家へ足を運んで茶葉を厳選。12種類の自然栽培で育てられた茶葉と、4種類のお茶請けがある。店内で使われている茶器は、店主と陶芸家が共同開発したもの。各人ひとつ茶葉を注文するシステム。

▶ Map P.123-D2

🏠 中西區府前路一段122巷159號
📞 0922-122-118　開 予約時に相談
休 不定休　Card AJMV　予 完全予約制（メールで要予約。英語もしくは簡単な日本語可能one2teahouse@gmail.com）🚃 台鐵「台南」駅前站の北站より11バスで約2分、「中山民權路口」下車徒歩約6分

雪藏綠豆糕50元。緑豆やクルミ入りのお茶請け

1 清香烏龍茶50g650元、100g1300元　2 オリジナルの茶器やビンテージ品を数量限定で販売している

3 1階は3名席と、茶葉＆茶器販売。2階は4名席と2名席。靴を脱いで上がる　4 一戸建て

### 台湾茶の種類

台湾10大名茶と呼ばれているのは、凍頂烏龍茶、文山包種茶、東方美人茶、木柵鐵觀音、三峽碧螺春、高山烏龍茶、日月潭紅茶、四季春、蜜香紅茶、鹿野紅烏龍。同じ茶葉でも発酵や焙煎によって味わいは大きく異なる。

龍眼と柳の木が立つリノベ茶藝館

## 奉茶.十八卯
ファンチャー.シーパーマオ

著名な茶人、葉東泰氏が営む茶葉店「奉茶」が手がける茶藝館。1918年に建てられた木造建築を使用している。工夫茶200元（追加で湯代各人100元）のほか、台湾茶を使った各種ドリンクメニュー、お茶請け、食事メニューも楽しめる。

▶Map P.123-D1

住 中西區民權路二段30號
☎ 06-221-1218 開 10:00〜18:00 休 月 Card AJMV
交 台鐵「台南」駅より徒歩約11分

店内のオリジナル茶杯＆聞香杯セットは購入できる

清香烏龍茶150元。すっきりとした烏龍茶

梨山烏龍茶150元。標高2000m以上の高山茶

日月潭紅茶150元。ファンが多い台湾紅茶

呉園藝文中心の敷地内にある気持ちのよい空間

2012年にオープン。かつては「柳屋」という食堂だった

---

## ＼ 龍眼の木の下で育つ台南コーヒーを求めて ／

左から仙湖咖啡160元、桂奶咖160元。龍眼の木の下で育ったまろやかなコーヒー

コーヒーや各種ドリンク、ワッフル、トーストなどを提供する「本味作坊」

せひ泊まりで来てね！

### 農場での楽しみ方

☑ **コーヒー豆を購入する**

農園で育った豆を手摘みし、洗浄、天日干し、自家焙煎したコーヒー豆を購入できる。数量限定で販売する

仙湖咖啡（中焙煎）390元、手軽に楽しめるドリップバッグ60元

☑ **DIY体験**

苗は日本に持ち帰れないので、台湾旅行中にお世話になった台湾人に贈ると喜ばれるかも！

コーヒーの解説、苗作り体験（農事體驗）350元と、200年前の料理を再現する料理体験（農村廚房）1400元。要予約。

泊まりで行きたいレジャー農場

## 仙湖休閒農場
シエンフーシウシエンノンチャン

海抜277mに立地。広大な敷地内には龍眼の木が点在し、レストランやカフェ、民宿、プール、ショップなどがある。30年ほど前からコーヒー栽培をしており、毎年10月頃になるとコーヒー豆を収穫。自家焙煎した豆を販売している。

▶Map P.117-C1

住 東山區一部二段 ☎ 06-666-3635 開 10:00〜16:00 休 火
Card AJMV 交 台鐵「新營」駅よりタクシーで約33分

☑ **ドライ龍眼スイーツに舌鼓**

アイスクリーム（単品）110元、聖代（サンデー）160元の2種類

2023年から販売スタート。「聖代」は、ドライ龍眼（桂圓）アイス、コーヒーゼリー、ハチミツクリームがのり絶品！

☑ **絶景の民宿に宿泊する！**

平日4600元、土日祝5800元（朝食付き）。レストランで夕食も可能

ゲストルームも人気。山頂にある「山頂閣樓」と、茶席が付く「迎山」の2種類。地元食材を使った朝食も評判。

キャラメル、チョコ、イチゴ味のポップコーン（彩虹爆米花）120元

/ レトロ /
/ かわいい！ /

# 今旬＆伝統 お菓子

絶対行くべきフスト7

グルメみやげは、味はもちろん、かわいいパッケージも重要なポイント。個性豊かなニューオープンから幅広い世代に渡せる安定の老舗まで、今行くべきストアをピックアップ！

水果餅やパイナップルケーキは、食べる前にオーブンで軽く焼くとさらにおいしい！

## 台南みやげの新定番はポップコーン!?

### 豬飼料柑仔店 友愛店

デュウスーリャオガンズーディエン ヨウアイジエ

1957年創業の菓子店「新玉香手工麻花捲」の3代目がオープン。ポップコーン（爆米花）と伝統菓子が並ぶ。かわいいパッケージがSNSで話題となり、新たな台湾みやげとして注目されている。

▶Map P.122-A3

住 中西富友愛街263號 電 0965-067-587 時 14:00～21:00（土・日12:30～） 休月 カード 不可 交 台織「台南」駅前站の南站から紅幹線バスで約7分、「中正西門路口」下車徒歩約6分

若者が集まる友愛街にある店舗。台南市内に4店舗展開する

激かわパッケージの行列店

スナック菓子を3袋購入したらもらえるミニバッグ

昔懐かしいスナック菓子（古早味零食）79元、3袋200元

台湾版のかりんとう（新玉香手工麻花捲の麻花捲）120元

ワッフルクッキー（暴財廟平安鷄）168元。数量限定の特別商品

台湾屋台で定番の唐揚げ味（鹹酥鷄）150元。イラストは変動する

*Modern*

## 伝統と革新が融合する新しい水果餅

### 王西勢

ワンシーシー

1959年創業。看板商品でもある「水果餅」とは、旧暦1月20日に西勢興宮で行われる擔餅節にて、前年に男児が誕生した家庭が神前に供えるもの。現代に合うあんを開発している。

▶Map P.116-B3

住 永康區宣強路一段326號 電 06-205-8563 時 10:00～20:00 休 無休 カード JMV 交 台織「台南」駅前站の北站から綠17バスで約30分、「西勢里」下車徒歩約1分

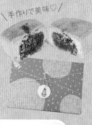

/ 手作りで美味♡ /

パイナップルケーキ（鳳梨酥）10個入り380元。台湾原産のパイナップルあん入り

台南名産の伝統菓子椪餅（古早味椪餅）。黒糖味30元、イチゴ味35元

梅あん入りのパイ（梅子酥餅）3個入り115元。酸味と甘味が絶妙

3代目の王桐盛さん。学生時代にデザインを学んだあと、故郷へ戻って家業を継いだ

/ 地元の味覚を使います /

西勢里名産の水果餅

水果餅。上はローゼル（洛神）、下は金柑（金桔）。それぞれ3枚120元

/ 夏はマンゴーあんが登場！ /

水果餅10枚セット（水果餅禮盒）380元。あんにより値段は異なる

\人気No.1の/
\ハラベーニョ/

ハラベーニョ（墨西哥椒）60元。白ゴマ、メキシカンスパイス入り

小袋は、5袋買うと1袋もらえる。辛いエビ煎餅（蝦辣辣）も人気

## ③ やみつき！トウガラシスナック

新疆クミン（新疆孜然）60元。エキゾチックな香りがやみつき

四川風の花山椒（川辣椒麻）60元。花山椒の痺れる辛さが美味

梅の粉（香酥甘梅）60元。甘酸っぱい梅の粉がかかり台湾風味

タイ風の酸味＆辛味（泰式酸辣）60元。甘味、辛味、酸味が融合

2022年オープンのトウガラシ専門店
### DoGa香酥脆椒 台南正興店
ドーガ シャンスー ツェイジャオ タイナンチェンシンティエン

もとはキムチ専門店。キムチ製造工程で出る大量のトウガラシを無駄にしないよう、身内や友人に配っていたのが始まり。口コミで評判が広がり、専門店を開くまでに。姉妹店のラー油専門店「杜甲A-Ma」も人気。

▶Map P.122-A2

住中西區正興街70號　TEL06-225-0111　営10:30～18:30　休無休　CC不可　交台鐵「台南」駅前站の北站から5バスで約8分、「西門民權路口」下車徒歩約4分

左からレモン胡椒（檸檬椒鹽）、濃厚チーズ（香濃起士）各250元

正興街（P.84）にあるおしゃれな店舗。オリジナルグッズも販売する

## ④

台南風味のエッグロールをおみやげに
### 南房狀元手工蛋捲
ナンファンデュアンユエンショウゴンダンジュワン

厳選した小麦粉や平飼い卵を使ったエッグロール専門店。虱目魚蛋捲は、サバヒーの肉でんぶ入りで、塩味と甘味のハーモニーを楽しめる。化学調味料は不使用。個包装になっているのもうれしいポイント。

▶Map P.123-D1

住中西區中山路79巷40號　TEL06-221-9823　営12:30～17:00　休月・火　CC不可　交台鐵「台南」駅前站から徒歩約10分

サバヒー入りエッグロールセット（虱目魚蛋捲禮盒）8本入り210元

サバヒー味のエッグロール

店舗限定
メニューも!!　\Check!!/

エッグロールにたっぷりチーズを入れて揚げた炸蛋捲（2本65元）、アイスとエッグロールがよく合う蛋捲冰（各50元）は店舗限定！

1本25元。バターが香るオリジナル、ゴマ、濃厚チョコ、抹茶、サバヒー

台南駅から徒歩圏内の便利な立地。おしゃれなカフェが点在する路地にある

台南市農會超市は、金額により次回以降に使えるお得なクーポン券がもらえる。

カラフルでかわいい♪

黑開萬

伝統の味を守ります

台南伝統の椪餅

1 台南伝統菓子の椪餅(P.19)。この店での名前は黒糖香餅各26元、5個入り120元
2 砂糖菓子は全8種類。緑豆、タロイモ(芋頭)、ブルーベリーなどありお茶請けにぴったり。各30元

Traditional

ゴマの香りがふんわりと

餅米で作った生地を揚げ、水飴とゴマを付けた伝統菓子

ゴマの揚げ餅(麻荖)
1袋100元。もとは神前にお供えする物

1875年創業。手作りにこだわる中華菓子
### 舊來發餅舖
ジウライファー・ビンプウ

アットホームな伝統菓子店。一つひとつ手作りにこだわり、旧式オーブンで焼き上げている。サクサク食感の生地で冬瓜、パイナップルあんを包んだパイナップルケーキ(鳳梨酥)35元もおすすめ。

▶ Map P.120-B1

🏠 北區自強街15號　☎ 06-225-8663
🕐 9:30～20:30　💰 無休　📋 不可
🚃 台鐵「台南」駅前站から徒歩約15分

レトロな外観がフォトジェニック。看板犬が迎えてくれる。店の向かいには、海の神様である媽祖を祀る「水仔尾開基天后祖廟」がある

優しい甘さが人気の理由

素朴な手焼き煎餅

味噌煎餅40元。味噌を挟んで焼いた人気メニュー

花生煎餅40元。要予約。台湾産ピーナッツが香ばしい

店頭で手焼きしているので、店がある路地に入ると、いい香り

伝統の味を守り続ける煎餅店
### 連得堂餅家
リエンドータンビンジア

創業100年以上。日本統治時代に日本人から教えてもらったレシピを4代目店主が受け継いでいる。保存料や化学調味料は不使用。味噌煎餅と雞蛋煎餅は、ひとり2袋まで購入できる。

▶ Map P.120-B1

🏠 北區崇安街54號　☎ 06-225-8429
🕐 8:00～20:00(土～18:00、日～15:00)
💰 旧正月　📋 不可　🚃 台鐵「台南」駅前站から徒歩約10分

味わいのある木造建築

地元産パインを使ったパイナップルケーキ

洗礼された台湾を代表する伝統菓子店
### 舊振南餅店 台南旗艦店
ジウチェンナンビンディエン タイナンチージエンディエン

1890年創業。台南關廟産のパイナップル、屏東萬丹産の小豆など、台湾産の高品質な食材を使い、生地からあんまで手作りにこだわる。土・日限定で、中華菓子のDIY教室も開催される。

▶ Map P.121-D2

🏠 東區林森路二段184號　☎ 06-238-7666　🕐 9:30～21:00
💰 無休　📋 AJMV
🚃 台鐵「台南」駅後站の香格里拉飯店から77バスで約9分。「東寧社區」下車徒歩約4分

高級感あふれるモダンな空間。高鐵台南駅などにも店舗あり

しっとり生地で濃厚な味

パイナップルケーキ(鳳梨酥)9個入り435元。モンドセレクションを受賞した

\Check!/
# 台南グルメみやげは
# ここもチェック

\オリジナル/
\人気みやげ/

\厳選した/
\芝文マンゴー/

ピーナッツ
バターロール
（花生捲捲
餅）400元

七股産サバヒーとトマト
を煮込んだ缶詰75元

\ご飯の/
\お供に/
\おすすめ/

ドライマンゴー
200元。人工添
加物は不使用

## 台南のいいものは
## ここでゲット！
## 台南市農會超市
タイナンシーノンフェイチャオシー

農会が運営するスーパ
ー。台南各地の厳選グル
メや有機食材が手に入
る。季節の野菜のほか、
麺、茶葉、調味料、菓子、
コスメなど幅広く扱う。

▶ Map P.121-D3

🏠 東區林森路一段341號
📞 06-208-0501 🕘 9:00～
21.30 休無休 Card不可
🚃 台鐵「台南」駅前站の北
站から紅1バスで約9分、「龍
山寺」下車徒歩約1分

菱角茶300元。有
機栽培のオニビ
シを使用

カジキの肉
でんぷ（旗
魚酥）小サ
イズ210元

台南農會のスーパーマーケット

赤い看板が目印。
地元民にも人気
が高いスーパー

\新オープンの/
\リノベスポット/

\台南限定の/
\かわいい/
\パッケージ/

郭元益の緑豆百年糕80元。イ
ラストはBaNAna氏によるもの

2021年にオープンした
複合施設
## 戎舘 ロングワン

日本統治時代に建てら
れた映画館をリノベ。1
階はショップと軽食販
売、2階は企画展などを
開催している。便利な立
地で、週末になると多く
の人が訪れる。

▶ Map P.122-A2

黒橋牌（P.43）が手がける。自
社商品も販売している

台南400年
記念ビール
135元。パイ
ナップル味

成功ビール
40元。オリジ
ナルとライ
チの2種

エンドウ豆スナック
可楽果40元。
媽祖のイラスト

台南市政府が台湾の食品メーカーとコラ
ボした台湾限定商品。台南400周年ビー
ルには、画家・郭柏川氏による絵入り。

台南の古跡限定みやげ

🏠 中西區中正路220號
📞 06-229-5248 🕘 10:00～20:00 休無休
Card JMV 🚃 台鐵「台南」駅前站の北站から5バスで約5分、「西門民
權路口」下車徒歩約6分

### 本物そっくりな石鹸も！

台湾ソーセージ＆ニンニク
型の石鹸249元。屋台風
の紙袋をもらえる。

クレジットカード、LINE Payは使えないので、現金もしくは交通系ICカードを持参しよう。

## SNACK & SWEETS

**A B エンドウ豆のスナック**
ポリポリ食感の可楽果。レモン×ローズソルト味／A24元 B30元

レモンがアクセント

**B サツマイモスナック**
地産サツマイモ。芋は甘さ控えめで、塩味が効いている／35元

**B タロイモのライスミルク**
優しい甘さのタロイモ。小腹が空いたときにちょうどいい／35元

**A ガーリックピーナッツ**
厳選ピーナッツをニンニクと炒めたもの／73元

**B ドライフルーツ**
季節の果物のドライフルーツ。写真はグアバとローゼル／各45元

## NOODLE

**A B ジャージャー麺**
汁なし麺。スープ付き／A5袋セット75元 B1袋18元

大人気の汁なし麺！

**B 葱油香る汁なし麺**
オーガニックスーパー「GREEN & SAFE」とのコラボ／45元

**A 揚げ意麺**
台南名物、揚げ意麺。海鮮スープ付き／59元

## TEA

**A リプトンの台湾茶**
高山烏龍茶のティーバッグ22袋入り／176元

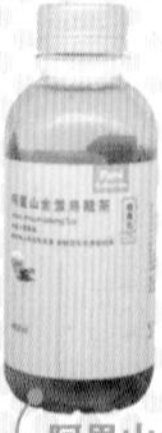

**B マンゴー＆ローゼル茶**
マンゴー、ローゼル、梅、セイロン紅茶などで割った果肉入りドリンク／55元

茶葉入りでおいしい！

**B 阿里山金萱烏龍茶**
阿里山産の茶葉が入ったさわやかな烏龍茶／55元

ニンニクのいい香り

**A チリソース**
高雄の老舗「志斌」のトウガラシとニンニクが効いた辣醤／50元

**A 三杯鶏の素**
野菜や鶏肉と一緒に炒めるだけで本格三杯鶏／48元

ひとかけで台湾の味！

**A フライドエシャロット**
麺、野菜炒めなどに。防腐剤不使用／61元

## SEASONING

---

旅のお供やバラマキみやげは
# スーパー＆コンビニでゲット！
街のあちらこちらにあるスーパーやコンビニのグルメみやげは、
自分用はもちろん、おみやげにちょうどいい商品ばかり。
台湾スイーツや茶葉入りドリンクは旅のお供にぴったり！

---

**A** 品数が多い大型店舗でまとめ買い
### 全聯福利中心 台南文賢一門市
チュエンリエンフウリー タイナンウェンシエンイーメンシー

台湾全土に展開する地元密着型のスーパーマーケット。生鮮食品や調味料、麺類、菓子のほか、スキンケアや衛生用品なども手に入る心強い存在。この店舗には休憩スペースやトイレがあるのもうれしいポイント。

▶Map P.118-B1
住 北区文賢一路77號
06-250-1181 7:00〜22:00 無休 不可
台鐵「台南」駅前站の北站より3バスで約11分、「文賢国中」下車徒歩約5分

**B** 季節限定ソフトクリームが人気！
### 全家便利商店 台南忠成店
チュエンジアビエンリーシャンシャンディエン タイナンチョンチョンディエン

菓子、総菜、ドリンク、衣類、コスメなどプライベートブランドが充実。台湾コンビニの定番、卵を茶葉や香辛料で煮込んだ茶葉蛋13元、季節のフルーツや茶葉を使った期間限定のソフトクリームもぜひ味わいたい。

▶Map P.120-B1
住 北区成功路118號
06-221-1656 24時間
無休 不可
台鐵「台南」駅前站から徒歩約11分

# TAINAN
# AREA GUIDE &
# SHORT TRIP

Let's walk the streets of Tainan !

## 台南エリアガイド&
## 台南からのショートトリップ

台南中心部を効率よく回るなら、主要エリアをおさえておきたい。
時間に余裕がある人は、少し足を延ばすだけで、違う表情の台南と出合える。

歴史ある市場のお膝元
# ローカルグルメストリートで小吃を食べ尽くす!

バイクが行き来する道の両脇にグルメ店がずらり!
熱気あふれるにぎやかなストリートを歩いて
台南を代表する割包、碗粿、牛肉湯、春捲、
台湾スイーツを堪能しよう!

國華街の小吃店はクレジットカードが使えないので、現金を準備していこう!

バイクや車が多い道なので、歩く際は広がらないよう気をつけよう

## AREA NAVI

☑ **どんなところ?**
台南の台所・水仙宮市場（P.24）からほど近い國華街三段。舌が肥えた台南人を満足させる小吃店やスイーツ店が並ぶ。

💡 **何をして楽しむ?**
なんといっても食べ歩き！量は少なめなのでハシゴして楽しもう。

👣 **どこと一緒に回る?**
午前中は水仙宮市場を散策して昼前に國華街へ。

▶ **Map** P.122-B1

---

**1**
台南人が通う
ローカル市場を散策！
## 永樂市場
ヨンラーシーチャン

1963年築の2階建ての建物。1階は惣菜や野菜を販売する市場、2階は住居になっているが、秘氏咖啡（P.23）のほか、Tシャツやシールを販売する「香蘭男子電棒燙」がある。

▶ **Map** P.122-B1

住 中西區國華街三段123號 ☎ 06-224-3134 ⏰ 7:30〜17:30 休 無休 Card 不可 交 台鐵「台南」駅前站の北站から5バスで約4分、「西門民權路口」下車徒歩約3分

戦前までは盗品が並んでいたため、かつては「泥棒の市場（賊仔市）」と呼ばれていた

國華街沿いにはレトロな看板や窓枠が残っている

---

ほかでは珍しい
豚のタンをサンド！

豬舌包90元。セットのスープもうま味たっぷり！

あっさり食べられる！
台湾版ハンバーガー
**2**
## 阿松割包
アーソンアパオ

看板メニューの豬舌包は、中華饅頭（蒸しパン）に豚のタン、酸菜をサンドし、ピーナッツソースをかけたもの。ほかにも普通包（バラ肉）、瘦肉包（赤身肉）がある。

▶ **Map** P.122-B1

住 中西區國華街三段181號 ☎ 06-211-0453 ⏰ 7:30〜17:00 休 木 Card 不可 交 台鐵「台南」駅前站の北站から5バスで約4分、「西門民權路口」下車徒歩約3分

國華街に入ってすぐの店。売り切れ次第終了となるのでお早めに。瘦肉湯60元などスープ単品もあり

メニューは1種類で、テイクアウトにちょうどよい。小腹が空いたときにちょうどよい

碗粿35元。特製煮込み醤油などをかけて

試してね！
自慢の味を

旗魚羹35元。メカジキつみれのとろみスープ。パクチー、白コショウ、黒酢入り

### 3 野菜たっぷりの台湾版春巻き
🍴 **金得春捲**
ジンドーチュンジュエン

1954年創業。行列必至の人気店。薄く焼いた生地にキャベツ、ソラマメ、薄焼き卵、豆干（豆腐を乾燥させたもの）、豚肉、ピーナッツ粉などを包んだ台湾版春巻き。

春捲50元。新鮮な食材がたっぷり

旅での野菜不足はここで補う！

▶**Map** P.122-B1
🏠中西区民族路三段19號 ☎06-228-5397 ⏰7:30～16:30 🈶火 Card不可 🚃台鐵「台南」駅前站から5バスで約4分、「西門民權路口」下車徒歩約3分

### 4 老舗で味わう台南伝統グルメ
🍴 **富盛號**
フーションハオ

1947年創業。3代目が切り盛りしている。碗粿は厳選した台湾米をすりつぶし、豚モモ肉の煮込みや赤エビを入れて蒸し上げ、とろみ醤油をかけたもの。すりおろしニンニクをお好みで。

▶**Map** P.122-B1
🏠中西区民族路三段11號 ☎06-227-4101 ⏰9:00～17:00 🈶木 Card不可 🚃台鐵「台南」駅前站の北站から5バスで約4分、「西門民權路口」下車徒歩約3分

2階では冷房の効いた店内で食事ができる。碗粿の器は、陶芸の里・鶯歌の窯元に特注で作ってもらっている

### 5 夜中から翌昼まで営業する牛肉湯店
🍴 **永樂牛肉湯**
ヨンラーニョウロウタン

新鮮な牛肉に、牛骨や野菜でだしを取ったスープをかけた牛肉湯。化学調味料などは一切加えていない。地元の人は白飯10元と一緒に注文することが多い。

牛肉湯(小)100元。綜合湯150元は、牛肉腹部と牛腩(牛バラ)

▶**Map** P.122-B1
🏠中西区國華街三段175號 ☎06-221-2464 ⏰24:30～翌12:00 🈶火 Card不可 🚃台鐵「台南」駅前站の北站から5バスで約4分、「西門民權路口」下車徒歩約4分

不思議なプルプル食感がクセになる

ドリンクもおすすめ！

招牌豆花95元。豆花、粉粿4種、プリンがのる。ドリンクはパイナップル水や台湾茶、紅茶など7種類

▶**Map** P.122-B1
🏠中西区國華街三段157號 ☎06-226-1069 ⏰8:00～21:30 🈶無休 Card不可 🚃台鐵「台南」駅前站の北站から5バスで約4分、「西門民權路口」下車徒歩約4分

グルメストリートの中間地点

### 6 休憩にぴったりの人気スイーツ店
🍰 **修安扁擔豆花**
シウアンビエンダンドウホア

なめらかな手作り豆花やかき氷が食べられる。粉粿(サツマイモ粉をゼリー状にしたもの)は黒糖、ローゼル、オリジナル、豆乳の4種類。着色料や添加物は不使用。

民族路三段

0 ─── 20m

**Goal!**

**Start!**

秘氏咖啡
P.23

猪飼料柑仔店(P.76)はここにもある！

西門路二段333巷

西門路二段307巷

國華街

▶**所要** 約4時間30分
☑ **散策コース**

7:00 永樂牛肉湯で朝ご飯
8:00 永樂市場を散策
9:00 阿松割包で割包をパクリ
9:30 修安扁擔豆花でブレイク
10:30 富盛號で碗粿に舌鼓
11:00 金得春捲の春捲をテイクアウト

週末は歩行者天国に!

# 台南中心部の人気ストリートで
# グルメ&お買い物

若い世代を中心ににぎわう個性豊かなストリート。西市場の建造美を見学し、ファブリックを購入したら、正興街のメイン通りへGO!名物のメロンスイーツやショッピングを楽しもう。

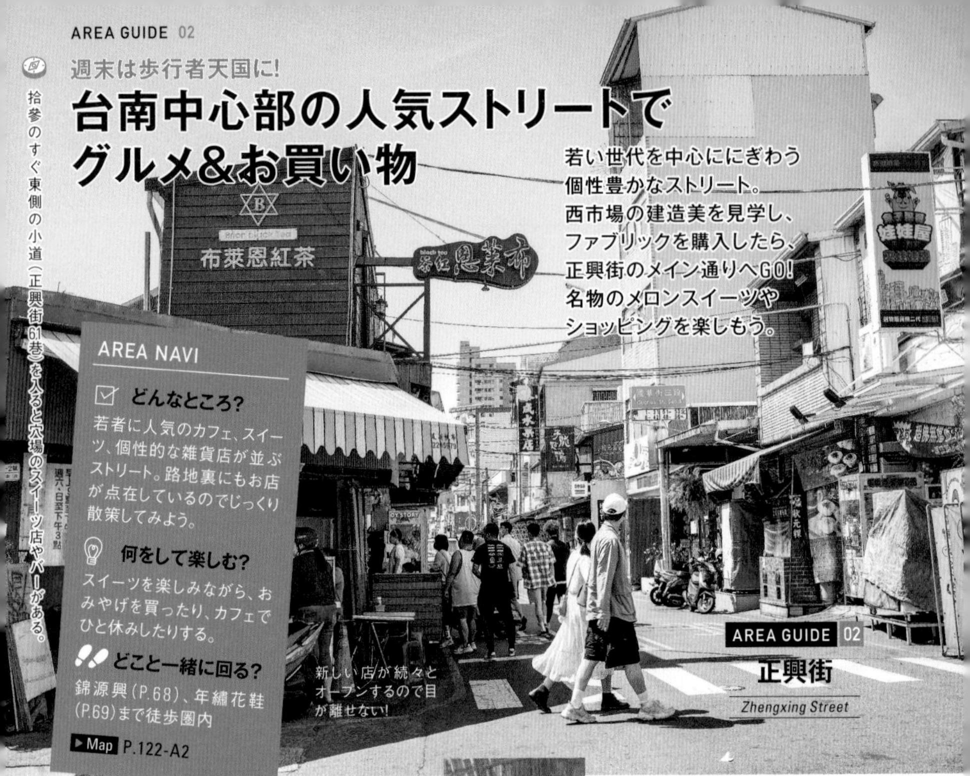

## AREA NAVI

☑ **どんなところ?**
若者に人気のカフェ、スイーツ、個性的な雑貨店が並ぶストリート。路地裏にもお店が点在しているのでじっくり散策してみよう。

💡 **何をして楽しむ?**
スイーツを楽しみながら、おみやげを買ったり、カフェでひと休みしたりする。

💊 **どこと一緒に回る?**
錦源興(P.68)、年繡花鞋(P.69)まで徒歩圏内
▶Map P.122-A2

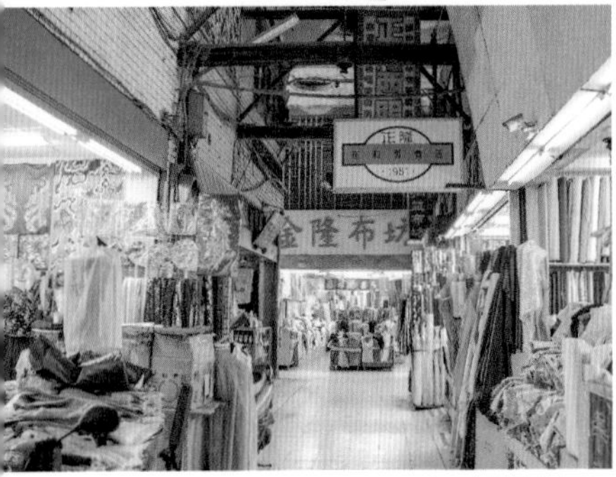

新しい店が続々とオープンするので目が離せない!

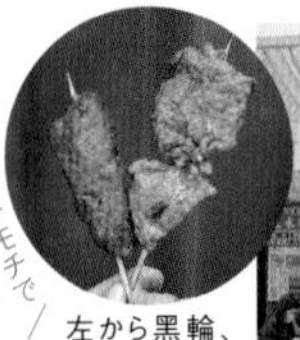

モチモチでおいしい!

左から黒輪、甜不辣各15元。アツアツ!

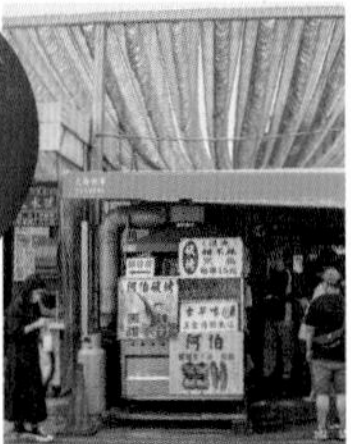

敷地内にかき氷店「江水號」、唐揚げ「炸雞洋行」も

見上げるとヒノキで造られた天井が!

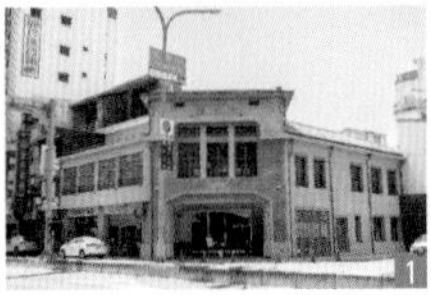

レトロな看板がすてき。花布柄などさまざまな柄が揃う

▶Map P.122-A2

### 1 歴史的建造物に入る味わいのある布市場
🛍 **西市場** シーシーチャン

1905年設立。かつては台湾南部最大の布市場で2003年に古跡指定を受けた。現在も布店が並ぶ。2021年に修繕工事が行われ、外観は生まれ変わったが内部の木造部分はそのまま保存されている。

📍 中西區西門路二段號正興街交界 ☎06-220-6396 🕐店舗により異なる 休無休 Card不可 🚇台鐵「台南」駅前站の北站から5バスで約4分、「西門民権路口」下車徒歩約4分

1 レンガ造りの西門路側正門。
2 北翼棟はもと青果市場。現在は布店がずらりと並ぶ

### 2 気さくな店主が元気に迎えてくれる
🍴 **阿伯碳烤黑輪甜不辣** アーボーカオヘイルンティエンブーラー

創業約40年。カジキの練り物を揚げたものを注文後に炭火で焼いてくれる屋台。黒輪はモチモチで、平たい甜不辣はやや歯応えあり。イートインスペースもある。

▶Map P.122-A2

📍 中西區國華街三段27號 ☎06-220-2859 🕐11:00~19:00 休無休 Card不可 🚇台鐵「台南」駅前站の北站から5バスで約4分、「西門民権路口」下車徒歩約5分

▶▶所要 約4時間30分

### 散策コース ☑

| 13:00 | 西市場で古建築を鑑賞する |
| 14:00 | 阿伯碳烤黒輪甜不辣で黒輪を食べる |
| 15:00 | 泰成水果店でフルーツを堪能 |
| 16:00 | THE CARGO茶屋でブレイク |
| 17:00 | 拾参のマカロンをおみやげに |

蛯尾家
甘味處
散歩甜食

**Goal!**

DoGa香酥脆椒 ▶P.76

正興街

目にも美しいお茶スイーツ

正興街には猫のイラストがあちらこちらに！

0　　20m

**Start!** ①

西門路二段

獨享款6個入りギフトセット1380元。綠妍、琥珀など

紅玉初露160元。日本にもファンが多い台茶18号紅玉紅茶

③ 開放的な店内で
台湾茶と創作スイーツ

### THE CARGO茶屋
カーゴチャーウー

厳選した台湾茶をカジュアルに楽しめるカフェ。契約農家から仕入れた紅茶や烏龍茶を煮出している。ドーナツ形のレアチーズケーキは、高級チーズとバター、台湾茶を使い、口の中でとろける。

▶**Map** P.122-A2

住 中西區正興街76號　電 06-221-9696
営 12:00〜23:00　休 水・木　Card 不可
交 台鐵「台南」駅前站の北站から5バスで約4分、「西門民權路口」下車徒歩約6分

1　2階は開放的なテラス席。ソファ席でのんびりくつろげる　2 1階はウッド調で奥に広い店内　3 正興街でひときわ目を引く外観

店頭には季節のフルーツが並ぶ

④ 正興街の
必食名物スイーツ

### 泰成水果店
タイチョンシュェイグオディエン

1935年創業。哈蜜瓜瓜冰は、台南産メロンを器にし、季節のフルーツ（夏季はマンゴー、ドラゴンフルーツ、冬季はイチゴなど）で作ったシャーベットがのった人気スイーツ。

▶**Map** P.122-A2

住 中西區正興街80號　電 06-228-1794
営 12:00〜18:00（土・日〜19:00）　休 木
Card 不可　交 台鐵「台南」駅前站の北站から5バスで約4分、「西門民權路口」下車徒歩約6分

哈蜜瓜瓜冰220元。シャーベットの組み合わせは自分で選べる

週末は行列になるが、回転は早い！

左から費洛蒙之心（パッションフルーツ）、立春（紅玉紅茶）、月見（鹹蛋黄＝塩漬け卵の黄卵）

⑤ 手作りにこだわる
カラフルマカロン

### 拾参 シーツァン

人気のマカロン専門店。台湾産の紅茶や季節のフルーツを使い、常時17種類ほど並ぶ。甘さ控えめで、保存料や着色料は使用していない。

1 マカロン各45元　2 3 古民家を利用している　4 店の裏庭にできた桑椹（桑の実）入り　5 8個セット380元

▶**Map** P.122-A2

住 中西區正興街63號　電 0929-692-813　営 12:00〜20:00（土・日11:00〜21:00）　休 無休　Card 不可　交 台鐵「台南」駅前站の北站から5バスで約4分、「西門民權路口」下車徒歩約6分

主要観光スポットとあわせて行きたい！

# 台南のシンボル赤崁楼と おしゃれストリートを散策

**AREA GUIDE 03**
赤崁楼＆新美街
*Chihkan Tower & Xinmei Street*

新美街周辺は「Bar TCRC」や「夜雷室」などバーが点在。夜の街もおすすめ！

歴史をたどる赤崁楼を訪れたなら
あわせて新美街にも繰り出そう！
老舗と新顔が混在するストリートは
人との距離感が近く交流が楽しい。
夜は隠れ家バーで乾杯しよう。

新美街は壁画アートが点在し、写真を撮る手が止まらない。小道にはブーゲンビリアが咲く

## AREA NAVI

☑ **どんなところ？**
清朝時代に「台湾府城」の城壁に囲まれていた台南中心部。史跡・赤崁楼の西側にある新美街は、南北に約600m延びる小道。

💡 **何をして楽しむ？**
歴史探訪、食事、カフェ、ショッピングなどバラエティ豊かに楽しめる。

🍴 **どこと一緒に回る？**
祀典武廟や祀典大天后宮(P.11)もあわせて参拝したい。

▶ **Map** P.123-C1

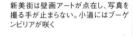

お手頃な価格帯！

青茶50元。ティーバッグで気軽に飲める

1 カレー風味のパスタ 咖哩開屏義大利麺290元。モヒート小孩摩奇多（アルコール有無選べる）180元　2 3 4 2階建ての古民家を改装。遊び心あふれる空間　5 小孩泡菜豆包120元

## 1 子供連れにも推薦 ベジタリアン料理
🍴 **小孩吃素**
シャオハイチースー

菜食のパスタ、ピザ、リゾット、各種ドリンクが楽しめるカフェレストラン。お肉を使っていないとは思えない満足感。臭豆腐に見立てた「小孩泡菜豆包」は、コンニャクを使い外はカリッと、中はモチモチ食感。

▶ **Map** P.123-C1
🏠 中西區新美街120號
📞 06-220-0201　🕐 11:00〜16:00、17:00〜20:00　🈳 無休
💳 不可　🚃 台鐵「台南」駅前站の北站から5バスで約4分、「赤崁楼」下車徒歩3分

## 2 清代から続く老舗で 茶葉を購入する
🛍 **金徳春老茶荘**
ジンドーチュンラオチャーチュアン

1868年から続く茶葉店。創業以来、同じ場所で商売を続ける。各種台湾茶から雲南プーアル茶まで扱う。気軽に飲めるティーバッグから高山烏龍茶150g400元など、お手頃価格で購入できる。

1 日本人に人気がある東方美人茶や高山茶がずらりと並ぶ　2 茶杯70元。茶器もお手頃価格

▶ **Map** P.123-C1
🏠 中西區新美街109號　📞 06-228-4682
🕐 9:00〜20:00　🈳 無休
💳 不可　🚃 台鐵「台南」駅前站の北站からバスで約4分、「赤崁楼」下車徒歩3分

新美街にはすてきな民宿やバーが点在

天然のエッセンシャルオイルなども扱う

左から御守祈願3470元、籤碼幻術2570元。オーダーも可

**▶▶所要 約7時間**

**散策コース** ☑

| | |
|---|---|
| 13:30 | 小孩吃素でランチ |
| 15:00 | 金德春老茶荘で茶葉購入 |
| 16:00 | 台南のシンボル赤崁樓へ |
| 18:00 | 慢溫MenWenをぶらぶら |
| 19:00 | 新協益紙行で正月飾りをゲット |
| 20:00 | 締めは赤崁中藥行Speakeasy Barへ |

### 3 ハンドメイドのアクセサリー

**慢溫MenWen**
マンウェン メンウェン

天然石や真珠を使ったブレスレットが並ぶ。台南の小道にある古民家をイメージした「神秘巷弄老房子」3060元など、一つひとつに物語が込められている。

**▶Map P.123-C1**

🏠 中西区新美街320號 📞 06-221-1313 🕐 14:00〜19:00 休火・水 Card AJMV 🚌 台鐵「台南」駅前站から5バスで約4分、「赤崁樓」下車徒歩約4分

古民家をリノベした店舗。2階もあり

大師兄手工蛋捲
同記安平豆花

Bar TCRC

祀典武廟 **P.11**

**Start!**

祀典大天后宮 **P.11**

赤崁樓入口

雙生綠豆沙牛奶

義豐阿川冬瓜茶 **P.67**

正月飾り70元。如意＝思い通りの意味がある

縁起のよいダブルハピネス（囍）飾りも

婚礼儀式に新婦宅で鳴らす爆竹

華やかな春聯（正月飾り）に目を奪われる

お気軽に寄ってね♪

### 4 台湾ならではの爆竹文化

**新協益紙行**
シンシエイーヂーハン

親切なオーナーが迎えてくれる。爆竹や花火を中心に、鮮やかな春聯も並ぶ紙専門店。旧正月に魔よけで使う爆竹をはじめ、冠婚葬祭で使う紙まで幅広く扱う。

**▶Map P.123-C1**

🏠 中西区新美街211號 📞 06-229-3238 🕐 8:30〜20:00 休日 Card不可 🚌 台鐵「台南」駅前站の北站から5バスで約4分、「赤崁樓」下車徒歩約4分

### 5 台南を見守り続けた代表的な観光スポット

**赤崁樓**
チーカンロウ

1653年にオランダ人が創設したプロビンティア城。1661年は明の拠点に、日本統治時代には陸軍病院や台湾総督府の語学学校が設置された。台南中心部にありアクセス至便。

**▶Map P.123-C1**

🏠 中西区民族路二段212號 📞 06-220-5647 🕐 8:30〜21:30 休無休 料50元 🚌 台鐵「台南」駅前站の北站から5バスで約4分、「赤崁樓」下車徒歩すぐ

大きな石碑の下には甲骨を持つ龍の子供（贔屓）が8体並ぶ

左から文昌閣、海神廟。文昌閣は改修中

1 カウンター席とテーブル席　2 胭脂380元　3 憂鬱星期二380元　4 路地裏にある店

### 6 赤嵌樓の路地裏にある隠れ家バー

**赤崁中藥行 Speakeasy Bar**
チーカンヂョンヤオハン スピークイージー バー

2020年開業。漢方薬局をイメージしたリノベ空間。金萱茶×ジンの「胭脂」、ビーフジャーキー×ジャックダニエルの「憂鬱星期二」など独創的なカクテルが並ぶ。ピリッと辛い鹹水雞250元も人気。

**▶Map P.123-C1**

🏠 中西区赤嵌街45號巷3號 📞 06-221-9599 🕐 20:00〜翌2:00（金・土〜翌3:00）休無休 Card不可 🚌 台鐵「台南」駅前站の北站から5バスで約4分、「赤崁樓」下車徒歩約4分

# 友愛街
## You'ai Street

新旧が融合する
# レトロな穴場スポットへ
# 路地裏散策を楽しむ

台南で話題のスポットが点在する友愛街。
なかでも洗練されたエリアをピックアップ。
ローカルを感じながら、注目のホテルや
こだわりのカフェ&ショップを訪ねよう。

ハトムギスイーツで人気の「Chho純薏仁 甜點」もこのエリア！

## AREA NAVI

☑ **どんなところ？**
台南では知らない人はいない湯德章氏が暮らした町。市場、ホテル、最新カフェ、ショップが点在し散策が気持ちいいエリア。

💡 **何をして楽しむ？**
チマキを食べてのんびり散歩し、穴場カフェや青果店でかき氷を食べる。

💊 **どこと一緒に回る？**
台南市美術館2館（P.30）まで歩いてすぐ！

▶ **Map** P.122-B3

ローカル市場の裏には「二府口公園」があり、ほのぼのする

朝は菜市場、夜は居酒屋やバーになる

デザートは変動。写真は緑茶クッキー、チーズケーキ

1 2階は優しい日が注ぐ
2 蜂蜜檸檬咖啡110元。高雄産の玉荷包ライチ蜂蜜入り

菜粽35元、味噌湯10元。味噌汁も台湾式で甘め

## 1
🍴 市場の一角にある甘い南部粽を朝ご飯に
### 郭家粽
グオジアゾン

1948年創業のちまき専門店。2代目と3代目が切り盛りする。おすすめの「菜粽」は、もっちりした餅米に、ピーナッツが入り、甘いとろみ醤油、ピーナッツ粉、パクチーがかかる。

▶ **Map** P.122-B3

📍 中西區友愛街117號台南市友愛市場內 ☎ 06-222-0906 🕙 10:00〜14:00、17:00〜20:00 🚫 月〜水 🚫 不可 🚇 台鐵「台南」駅前站の南站から紅幹線バスで約4分、「林百貨」下車徒歩約4分

肉粽40元。豚肉、シイタケ、ピーナッツ、塩漬け卵が入る

## 2
☕ とっておきの古民家カフェ
### 透南風咖啡聚場
トウナンフォンカーフェイジュウチャン

1階は南台湾の良品を厳選したショップ（P.71）、2階はカフェ空間に。自分たちで収穫した梅の炭酸飲料「上山採集熟梅果飲」110元などのほか、台湾茶、漢方茶、各種コーヒーを楽しめる。

▶ **Data** P.71

台湾カルチャーを
発信するホテル

## 3 U.I.J Hotel & Hostel
### 友愛街旅館
ユー アイ ジェイ ホテル & ホステル
ヨウアイジェリュウグワン

▶ Data P.98

本屋「粉物書BBBooks」。
食にまつわる書籍を選書

1階フロントフロアは、宿泊客以外
も訪問可能で、24時間営業の本
屋が人気。カフェ「鷲田珈啡吧」
や、ホテルオリジナルのマグ、衣
服、アメニティなども販売している。

個室はもちろんドミト
リーも完備する

建物横には手入
れされた草花が

1階には湯
徳章が実際
に使用した
机や関係書
籍が並ぶ

市民を死守した
湯徳章の記念館

## 4 湯徳章故居
タンドーヂャングージュウ

1 2023年中に改修され展示内容
が変わる予定　2 2階奥にある
湯徳章と妻との写真

▶ Map P.122-B3

1947年、二二八事件が拡大する
なか、弁護士としてデモ活動をし
た学生を命懸けで守った湯徳章
（坂井徳章）を学べる記念館。
湯の処刑が行われた「湯徳章紀
念公園」には銅像がある。

中西區友愛街115巷11號
0916-558-644　 10:00
～17:00　 不可　 月
火　 台鐵「台南」駅前站
の南站から紅幹線バスで4
分、「林百貨」下車徒歩約4分

小さな石造
りの牌坊蕭
氏節孝坊

0 ——— 40m

府前路二段3・4巷

府前路二段34巷

友愛街

二府口
公園

Chun 純慧仁.
甜點。

友愛街115巷5

永福路二段

永橋路二段35巷

Start!

Goal!

府前路一段

所要　約7時間

## 散策コース ☑

9:00　杏源珈琲のコーヒー
でお目覚め

10:00　郭家粽でちまきを食べる

11:00　湯徳章故居を見学する

13:00　U.I.J Hotel & Hostel
友愛街旅館でブレイク

14:00　透南風咖啡聚場をぶらり

15:00　清吉水果行で
フルーツを堪能

1 芒果牛奶冰150
元＋プリン布丁30
元　2 スイカジュー
ス西瓜汁30元

地元民が集うオアシス
昔ながらの青果店

## 6 清吉水果行
チンジーシュイグオハン

夏季限定の芒果牛奶冰は、マ
ンゴーとミルク氷に黒糖シロップ
をかけたもの。素朴な味わいで
サイズもよい。お好みでプリンを
追加。注文を受けてから搾るドリ
ンク、カットフルーツも人気。

店頭には季節のフルー
ツがきれいに並ぶ

▶ Map P.122-B3

中西區府前一段294號
06-227-1608　 11:00
～24:00　 日　 不可
台鐵「台南」駅前站の南
站から藍幹線バスで約7分、
「小西門」下車徒歩約1分

1 漢方薬局をイメージした店内。薬棚にはコー
ヒーが入る　2 お店の近くにある「四安header境北
線尾下大道良皇宮」　3 ほうじ茶ロールケー
キ110元。食感がよく香ばしい

カフェ・ラテ120元。
蓋碗に入る

漢方薬局×廟文化が融合した空間

## 5 杏源珈琲
シンユエンカーフェイ

不定期で
観光ツアーを
開催中！

漢方薬局（杏源蔘養行）
があった場所に、2022年
9月にオープンしたカフェ。
新化の仙草を使った「ハー
ブアメリカン・コーヒー」
130元は夏場におすすめ！

▶ Map P.122-B3

中西區府前一段342巷2號
06-222-9505
8:00～18:00　 水　 不可
Menu
台鐵「台南」駅前站の南站から藍幹線バスで約
7分、「小西門」下車徒歩約2分

飲みものは廟風おみ
くじで決めてもOK

夕方から繰り出したい
# 清代の古民家が並ぶ
# 幻想的な路地裏さんぽ

台南の老街のなかでも風情があるストリート。
夕方になると店が次々にオープンして幻想的。
歴史的建造物を眺めながら、ショッピングや
バーで思い思いの時間を過ごそう。

神農街の小道はかつて運河であり、船で荷が運ばれて2階に釣り上げていた。特殊な建築構造はその名残である。

夕方になると提灯に火がともり、幻想的な風景に

細い道には、雑貨店や飲食店が点在する。白い家屋に映えるブーゲンビリアが美しい

## AREA NAVI

☑ **どんなところ?**
東西300mほどの小道。かつては五條港という5本の運河で栄えたエリア。現在は、雑貨屋やカフェ、バーが集まるスポットに。

💡 **何をして楽しむ?**
歴史建築を眺めながら散策し、雑貨店をハシゴ。バーで乾杯して過ごす。

👣 **どこと一緒に回る?**
グルメストリート國華街(P.82)まで徒歩約5分
▶ Map P.122-A1〜B1

伝統工芸が表紙のノート60元

台南小吃や文化のポストカード各40元

台南文化を取り入れたグッズ
## 1 五條港行號
✉ ウーティアオガンシンハオ

台南文化や歴史をテーマに、自分たちで手がけたオリジナルのポストカード、文化協會成立百年紀念の一卡通(ICカード)、缶バッチ、Tシャツのほか、台湾メイドの雑貨や書籍が並ぶ。

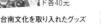

オリジナルの一卡通299元

1 2 提灯がフォトジェニック 3 台南の風景や文化をテーマにしたポストカード

▶ Map P.122-A1

🏠 中西區神農街79號 ☎ 06-220-3866 🕐 9:00〜21:30 休 無休 Card 不可 🚍 台鐵「台南」駅前站の北站から5バスで約4分、「西門民權路口」下車徒歩約6分

4 ほかでは手に入らない商品多数。おみやげ探しにぴったり 5 オリジナルの缶バッチ40元

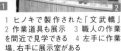

細部まで観察しよう

1 ヒノキで製作された「文武轎」
2 作業道具も展示　3 職人の作業
を間近で見学できる　4 左手に作業
場、右手に展示室がある

台南で珍しい「府」の名前が付いた廟のひとつ

## 2 金華府
ジンホアフー

神農街の中間地点にある小さな廟で参拝を

1830年に創建された廟。五條港の5大氏族のひとつ、許一族が建てたと言われている。主神は関聖帝君。何度も修繕されているが、当時とほぼ変わらぬ姿で保存されている。

主神に関聖帝君(関羽)と馬、王爺を祀っている

▶Map P.122-A1〜B1

🏠 中西區神農街71號　☎ 06-222-4836　⏰ 8:00〜21:00　休 無休　🚃 台鐵「台南」駅前站の北站から5バスで約4分、「西門民權路口」下車徒歩約6分

## 3 永川大轎工藝
ヨンチュウンダージャオゴンイー

2020年オープンした展示室

創業約70年の神輿製作を手がける工房。創業者の王永川氏は、台湾教育部が交付する「中華文化藝術薪傳獎」を受賞した。現在は3代目が工房を継いでいる。

▶Map P.122-A1

🏠 中西區神農街130號　☎ 06-222-4996　⏰ 8:00〜18:00　休 土・日　🈺 無料　🚃 台鐵「台南」駅前站の北站からバスで約4分、「西門民權路口」下車徒歩約7分

1 レトロな外観
2 気さくなオーナーが迎えてくれる。
商品に圧倒される

## 4 周董二手貨
ヂョウドンアルショウフオ

掘り出し物が見つかるかも!?

さまざまな店が点在するなかで、特に異彩を放つこちら。神農街で生まれ育ったオーナーが集めた年代物の電化製品、楽器、レコード、日用品などがぎっしり置かれている。電化製品の修理も行う。

▶Map P.122-B1

🏠 中西區神農街68號　☎ なし　⏰ 10:00〜17:00　休 不定休　Card 不可　🚃 台鐵「台南」駅前站の北站から5バスで約4分、「西門民權路口」下車徒歩約7分

## 5 太古百貨店 Vintage Furniture&Bar
タイガーバイフオディエン ビンテージ ファニチャー&バー

古民家バーでひと休み

ノンアルもおすすめ!

築100年以上の建物でオリジナルカクテルが楽しめる。「阿嬤的干邑市場」は"おばあさんのコニャック市場"という意味で、ブランデー(Cognac)、メロン、パイナップルなどが入る。

▶Map P.122-A1

🏠 中西區神農街94號　☎ 06-221-1053　⏰ 19:00〜翌2:00(金・土〜翌3:00)　休 無休　Card 不可　🚃 台鐵「台南」駅前站の北站から5バスで約4分、「西門民權路口」下車徒歩約6分

阿嬤的干邑市場350元。黒胡椒とオレンジが香る

1 総合鮮果氣泡飲200元　2 中庭。トイレがある奥の建物へは靴を脱ぐ　3 2階。テラス席からは中庭が見渡せる　4 1階のインテリア

藥王廟へ

WE Drink Beer Company
沃隼醸造
▶P.65

Start!

3

Goal!

5

黒胡椒がビリッとアクセント

1

2

4

神農街

海安路一段

▶▶所要 約4時間30分

## 散策コース

| | |
|---|---|
| 15:30 | 永川大轎工藝を見学 |
| 16:00 | 周董二手貨でお宝探し |
| 16:30 | 金華府や周辺を散策 |
| 17:00 | 五條港行號でおみやげ購入 |
| 19:00 | 太古百貨店 Vintage Furniture &Barで乾杯 |

台湾最古の藥王廟も必見!

0　　20m

安平古堡の塔は展望台になっており、360度見渡せる

安平古堡の展望台は絶景で、夕暮れときには夕景スポットとしても人気がある。

「台湾」と呼ばれる由来になった安平

# 約400年の歴史をたどる旧跡巡り

台南駅からバスに揺られること約30分、歴史的価値の高い史跡や自然も多い安平へ。2024年に創建400年を迎える安平古堡や少し足を延ばして四草緑色隧道にもぜひ!

1 歴史展示やギフトショップもある　2 城壁が残る　3 オランダから台湾を勝ち取った鄭成功の銅像

## AREA NAVI

### どんなところ?

オランダ統治時代に建てられた史跡が点在し、安平名物が並ぶ老街もある。安平樹屋や四草緑色隧道は緑が多くて気持ちいい。

### 何をして楽しむ?

ぶらぶら歴史探訪をしながら老街で食べ歩きや、豆花を食べてひと休み。

### どこと一緒に回る?

鹿耳門天后宮(P.13)へは台湾好行(休日限定)で約30分

▶Map P.118-A1〜2

---

台湾最古の城堡で台南の軌跡を学ぶ

## 1 📷 安平古堡 アンピングーバオ

1624年、オランダ東インド会社が貿易拠点としてゼーランディア城を築いた場所。1662年には鄭成功が安平城と改名し、日本統治時代には税関宿舎用地になった。

▶Map P.118-A1

🏠 安平区國勝路82號　☎ 06-226-7348　🕐 8:30〜17:30　休 無休　💴 70元　🚌 台鐵「台南」駅前站の北站から2バスで約37分、「安平古堡」下車徒歩約2分

1 おみやげにもよい漁師バッグ　2 台南名物のエビ煎餅(蝦餅)や素朴な菓子が並ぶ

---

台湾最古の媽祖廟を参拝!

## 2 🏯 安平開台天后宮 アンピンカイタイティエンホウゴン

1668年創建の媽祖廟。手足が動かせる珍しい神像「軟身神像」が鎮座する。4年に一度開催される安平迓媽祖の祭典は、天后宮最大のイベント。

▶Map P.118-A2

🏠 安平区國勝路33號　☎ 06-223-8695　🕐 5:00〜22:00　休 無休　🚌 台鐵「台南」駅前站の北站から2バスで約37分、「安平古堡」下車徒歩約2分

---

グルメや雑貨が並ぶ老街

## 3 🏠 安平老街 アンピンラオジエ

安平古堡から東へ延びる延平街は、オランダ人が安平に作った一本目の街道であり、安平老街と呼ばれている。エビ煎餅や蜜餞、雑貨が並ぶ。

▶Map P.118-A1〜2

🏠 安平区延平街　🕐休 店舗により異なる　🚌 台鐵「台南」駅前站の北站から2バスで約37分、「安平古堡」下車徒歩約2分

1 英商徳記洋行。繁栄期の商業拠点

他店では味わえない特別な風味

ローゼル、グアバ、マンゴー、梅、パパイヤなど新鮮な食材を使用

## 4 貿易会社跡と神秘的な樹屋
### 英商徳記洋行・安平樹屋
インションドージーヤンハン・アンピンシューウー

英商徳記洋行は、イギリス人による貿易会社跡。かつては砂糖、樟脳、茶葉を輸出し、アヘンを輸入していた。安平樹屋は、ガジュマルの木に覆われた倉庫。

▶ Map P.118-A1

🏠 安平區古堡街108號 📞 06-391-3901 🕐 8:30～17:30 無休 50元 🚃 台鐵「台南」駅前站の北站から2バスで約37分、「安平古堡」下車徒歩約2分

2 3 4 ガジュマルの木に覆われ神秘的な空間に。人気のフォトスポット

かわいいパッケージ

1 レトロな店内。台湾各地から訪問客がある 2 マンゴー、キウイ各50元

## 5 昔ながらの豆花&かき氷を
### 同記安平豆花安平2店
トンジーアンピンドウホアアンピンアルディエン

遺伝子組み換えでない大豆を使った豆花専門店。豆花のトッピングは、小豆、タピオカ、緑豆、檸檬から選べる。竹炭黒豆豆花35元も美味。

▶ Map P.118-A1

🏠 安平區安北路141-6號 📞 06-226-2567 🕐 10:00～22:00 無休 Card 不可 🚃 台鐵「台南」駅前站の北站から2バスで約36分、「漁民村」下車徒歩約1分

牛奶雪花冰（ミルク味のフワフワ氷）65元

タピオカとなめらかな豆花が絶妙

珍珠豆花35元。小さめのタピオカで食感が楽しい

## 6 お茶請けにぴったり
### 林永泰興蜜餞行
リンヨンタイシンミージエンハン

創業130年以上。漁師をしていた創業者が、漁の閑散期に自家製のフルーツの砂糖漬けを売ったことがはじまり。砂糖、塩、甘草などで漬ける秘伝のレシピを今も守り続けている。

フルーツの砂糖漬け（蜜餞）がずらりと並ぶ

▶ Map P.118-A1

🏠 安平區延平街84號 📞 06-225-9041 🕐 11:30～19:00 火・水 Card 不可 🚃 台鐵「台南」駅前站の北站から2バスで約35分、「安平蚵灰窯文化館」下車徒歩約4分

秘伝の味をお試しください

▶▶ 所要 約8時間

### 散策コース ✓
| | |
|---|---|
| 8:00 | 四草綠色隧道 |
| 10:00 | 安平古堡 |
| 11:00 | 安平天后宮 |
| 12:00 | 安平老街＆林永泰興蜜餞行 |
| 14:00 | 英商徳記洋行 |
| 15:30 | 同記安平豆花安平2店 |

## 7 風が心地よい緑のトンネルへ
### 四草綠色隧道
スーツァオリュウスースイダオ

マングローブに覆われたトンネルを観光船で抜けていくクルーズ。野鳥に出合える。かつて鄭成功とオランダが戦った場所と言われている。

▶ Map P.116-A3

🏠 安南區大眾路360號 📞 06-284-0959 🕐 8:00～16:00 無休 200元 🚃 台鐵「台南」駅前站の北站から2バスで約50分、「大社角」下車徒歩約7分

安平老街の夕暮れどき

AREA GUIDE 06 安平

あちらこちらマンゴーだらけ

# 愛文マンゴーの故郷で新鮮な果実を堪能する!

1950年代にアメリカから苗木が持ち込まれ、鄭罕池氏が収穫、全国に広めた愛文マンゴー。毎年6月下旬から7月中旬に開催されるマンゴーフェスティバルもぜひ参加したい!

マンゴーは、表面に蜜があふれ出してきたら食べ頃。ドライマンゴーは日本に持ち帰れる。

玉井青果集貨場の場外も商品が並ぶ

バラ売りもあります!

## AREA NAVI

### ☑ どんなところ?

台南駅からバスで約1時間15分、台南の北東部に位置する玉井は、マンゴーの聖地。市場でバラ売りを買って、滞在中に堪能したい。

### 💡 何をして楽しむ?

市場でさまざまなマンゴーを物色、マンゴーかき氷を堪能して帰りたい!

### 👣 どこと一緒に回る?

山上花園水道博物館（P.40)までタクシーで約20分

## 1 マンゴーシーズンに出かけよう!
### 🛍 玉井青果集貨場
ユィージンチンクオジーフオチャン

玉井で収穫される農作物が取引される市場。愛文マンゴーが出回る6月から8月頃になると、にぎわう。場内にはマンゴーかき氷が食べられる店も。天候により収穫状況は変動する。

▶Map P.117-C2
住 玉井區中正路12號
TEL 06-574-5572 開 6:00～16:00 休 11～4月 Card 不可 交 台鐵「台南」駅前站の北站から緑幹線バスで約1時間18分、「興南客運玉井站」下車徒歩約3分

場内で食べられるマンゴーかき氷100元。カットフルーツやドライフルーツ、ジャムなども並ぶ

Column

6月初旬～7月中旬がピーク

### 玉井で作られるマンゴーの特徴

夏季の降水量が少ないことからマンゴー栽培に適している土地とされ、栽培地は2000ヘクタールにおよぶと言われる。

愛文マンゴーをはじめ、夏雪、黄煌、西施、凱特、烏香などさまざまな品種を栽培している。

1 マンゴー栽培の中心は虎頭山
2 小ぶりな土マンゴー

# 玉井
Yujing ▶Map P.117-C2

農家さんから直接マンゴーを買えるのも楽しい

台湾南部のフルーツを
ジェラートで味わう!

## 2
### 光芒果子
グアンマングオズー

厳選したマンゴー、パッションフルーツ、ライチ、パイナップルなど季節のフルーツを使った約20種類のジェラートとソルベが楽しめる。店内で焼き上げる自家製コーンもおすすめ!

3フレーバーは140元

▶Map P.117-C2

🏠玉井區中正路103號 ☎06-574-3999 ⏰11:00～18:00 休月 🚃台鐵「台南」駅前站の北站から緑幹線バスで約1時間19分、「興南客運玉井站」下車徒歩2分

1 必食のマンゴーはじめ、ドリアン、ライチ、キウイなど　2 日本語表記もあり

---

郵便局
玉井老街民宿
唯吧哖事件紀念館
中正路
中華路
民生路
興南客運玉井站バスターミナル
玉井區公所
民權路
玉井國小

**2**　**5**
**4**　★
**1**　★
**3**　Goal!
Start!

0　100m

さまざまな品種のマンゴーが並ぶ

▶所要 約5時間

### 散策コース ☑

13:00 玉井青果集貨場を散策
14:30 玉井青果市場芒果冰でかき氷♡
15:30 北極殿を参拝する
16:00 光芒果子でひと休み
17:00 連環泡芒果乾でおみやげ購入

---

1

## 3
### 連環泡芒果乾
ドライマンゴー専門店
リエンホワンパオマングオガン

かわいい看板犬が迎えてくれるドライマンゴー専門店。マンゴーの大きさによって値段は異なる。防腐剤などは不使用。バス停の横にあるので、台南中心部へ戻る前に寄りたい。

1 3匹のコーギーが看板犬　2 無糖の愛文芒果乾180g200元

▶Map P.117-C2

🏠玉井區中正路52號 ☎06-574-2158 ⏰7:00～20:00 休無休 🅿不可 🚃台鐵「台南」駅前站の北站から緑幹線バスで約1時間19分、「興南客運玉井站」下車徒歩すぐ

---

中庭に信徒が献上した亀が!数百匹いたときもあるそう

数々の人災天災から住民を守り続ける廟

## 5
### 北極殿
ベイジーディエン

玄天上帝のお告げを聞き、洪水被害を免れた住民たちが資金を集めて廟を建てた話。戦時中、戦闘機が小学校を掃射した際も、大地震があった際もお告げにより守られてきたという。

1717年に建てられた廟。玉井へ来たら参拝を!

▶Map P.117-C2

🏠玉井區中正路102號 ☎06-574-3788 ⏰6:00～21:00 休無休 🚃台鐵「台南」駅前站の北站から緑幹線バスで約1時間19分、「興南客運玉井站」下車徒歩2分

---

ジューシーな愛文マンゴー

厳選したマンゴーがどっさりのかき氷

## 4
### 玉井芒果市場芒果冰
ユィージンマングオシーチャンマングオビン

人気の「愛文郷芒果冰」は、愛文マンゴーと甘酸っぱい青マンゴー、マンゴーアイス、練乳を加えたかき氷。小さいサイズがうれしい。人工香料などは不使用。

1 玉井青果集貨場のすぐそばにある店舗　2 愛文郷芒果冰(小)80元、(大)130元

▶Map P.117-C2

🏠玉井區憲政街64號 ☎なし ⏰8:00～17:00、土・日・祝～18:00 休無休 🚃台鐵「台南」駅前站の北站から緑幹線バスで約1時間18分、「興南客運玉井站」下車徒歩3分

鹽水中心部は4時間あればゆっくり楽しめる。「井仔腳瓦盤鹽田」へはタクシーで約30分。

伝統建築を探索！

# 歴史的なランドマークを訪ねて
# 鹽水名物の意麺に舌鼓！

鹽水の中心をなす王爺巷、連成巷、一銀巷は重要な街道であり、清代には「台湾四大港町」と称されるほど栄華を誇っていた。レトロな路地を散策しながら福建風の伝統建築を見学しよう。

鹽水八角樓。八角形の屋根が特徴的な木造建築

## AREA NAVI

☑ どんなところ？

台南から北へ約35kmに位置する。レトロな街道に歴史建築が点在。名物の意麺や月見冰は必食。300年の歴史を有する北門にも足を延ばしたい。

💡 何をして楽しむ？

大きな街ではないので、街歩きをしながら歴史探索やグルメを楽しむ。

👣 どこと一緒に回る？

北門區にある井仔腳瓦盤鹽田（P.52）

SHORT TRIP 02

# 鹽水
### Yanshuei ▶ Map P.116-B1

---

## 1 鹽水八角樓のそばにあるスイーツ店
### 銀鋒冰果室
インフォンビングオシー

創業70年以上。3代目がお店を切り盛りするスイーツ店。名物の「月見冰」40元は、ミルク冰に生卵と小豆、練乳をかけたもの。よく混ぜてから味わおう。レトロな外観は人気撮影スポット。

▶ Map P.116-B1

🏠 鹽水區中山路1號 ☎ 06-652-2202 🕐 10:30〜22:00 ✖ 無休 💳 不可 🚌 台鐵「新營」駅から棕幹線バスで約20分、「鹽水站」下車徒歩約2分

1 絞りたてジュースも人気 ② 西瓜檸檬60元。スイカ×レモンジュース

鹽水エリアの必食スイーツ

かつては男女が集まるデートスポットとして人気があり、ここで恋愛成就したカップルも多いそう

## 2 鹽水で重要な歴史的ランドマーク
### 鹽水八角樓
イェンシュエイバージャオロウ

1847年、砂糖商の葉開鴻とその一族によって建てられた。福建省から資材を運び、10年をかけて完成。戦時中に空襲を受けて八角樓だけ残った。

古びているが内部は整備され見学できる

▶ Map P.116-B1

🏠 鹽水區中山路4巷1號 ☎ 06-652-2202 🕐 8:00〜17:00 ✖ 無休 🚌 台鐵「新營」駅から棕幹線バスで約20分、「鹽水站」下車徒歩約2分

葉一族の歴史や写真が展示、解説されている

福建風の建物や季節の花が咲くレトロな街道

伝統建築と現代的なアートの融合も点在する

味わいのある路地がたくさん！

**Start!**

1 意麺40元。スープありも
2 肉燕酥30元。揚げワンタンスープ

肉餡入りワンタンスープ♡

**Goal!**

所要　約7時間
## 散策コース

| | |
|---|---|
| 10:30 | 鹽水牛墟をぶらり |
| 12:30 | 阿妙意麺でランチ |
| 13:30 | 永成戲院 |
| 15:00 | 護庇宮 |
| 16:00 | 鹽水八角樓 |
| 17:00 | 銀鋒冰果室 |

親子3代続く意麺ファミリー
## 4 阿妙意麺
アーミャオイーミエン

創業店の「阿三伯」、2代目の「阿姫意麺」、そして3代目がオープンさせたのがこちら。伝統の味に新しさをプラスし、地元客からも人気が高い。

3 意麺は購入も可能。10袋入り85元
45 清潔感のある店内

▶ Map P.116-B1
鹽水區康樂路67號　☎06-653-1031　🕐9:00～16:00（土・日17:00）　休無休　予不可　🚋台鐵「新營」駅から棕線バスで約20分、「鹽水站」下車徒歩約2分

1 改装されてフォトスポットに　2 創業者の息子さんが管理をしている

かつての劇場が生まれ変わった
## 5 永成戲院
ヨンチョンシーユエン

3 当時の映画ポスターを展示　4 味わいある椅子
5 アイス30元も販売

日本統治時代に精米所として使われていた建物を、1945年に改装して劇場となり、映画や劇が行われた。2000年に閉館したが、椅子や映画関連の道具が保存されている。

▶ Map P.116-B1
鹽水區過港路21號　☎06-652-2198　🕐13:30～17:30（土・日9:00～）　休月・火　🚋台鐵「新營」駅から棕線4バスで約18分、「護庇宮」下車徒歩約2分

## 3 護庇宮
フウビーゴン

400年以上の歴史がある華やかな媽祖廟

地元の人々を見守り続けてきた海の神様

▶ Map P.116-B1
鹽水區中正路140號　☎06-652-0248　🕐6:00～20:00　休無休　🚋台鐵「新營」駅から棕線4バスで約18分、「護庇宮」下車徒歩約1分

1623年創建。大殿の前で媽祖を護衛する守護神（千里眼・順風耳）は、1716年に作られたもの。廟の門神は台湾の国宝絵師、潘麗水によるもので見応えあり！

（P.49）

## Column

### 年に一度の危険なフェスティバル

旧暦1月15日（元宵節）に毎年行われる祭り。180年以上の歴史があるとされ、厄除けに爆竹やロケット花火があらゆる方向から打ち上がる。毎年のように死者や重症者が出る危険な祭典。

参加者はフルフェイスヘルメットや防火対策必須

街を散策していると祭りの装置を発見！

スッポンスープ！

散策が楽しいマーケット
## 6 鹽水牛墟
イェンシュエイニョウシュウ

月9日間だけ開催されるマーケット。善化牛墟（P.49）に比べると規模は小さいが、土庫路沿いにフリマが並ぶ。スッポンスープ（燉鱉）も人気。

1 野菜やフルーツ、古書、キッチン雑貨など　2 電鍋の内鍋も販売　3 燉鱉120元

▶ Map P.116-B1
鹽水區朝琴路　☎06-652-5071　🕐毎月1・4・7・11・14・17・21・24・27日 6:00～12:00　休上記以外　🚋台鐵「新營」駅から棕幹線バスで約20分、「鹽水站」下車徒歩約6分

# 台南のおすすめホテル

台南に滞在するなら中心部にある便利な立地で、
台湾カルチャーを感じられるホテルを選びたい。
最新ホテル情報からラグジュアリーホテル、
ひとり旅に使えるミニホテルまでピックアップ。

台南はリノベ民宿が多い。台湾政府公認の民宿は taiwanstay.net.tw で確認できる。

友愛套房1万10元〜。16坪の広々としたスイートルーム

友樂客房3960元〜。クロスレイのレコードプレーヤー。レコードはフロントで借りられる

ホステルは92台のベッド。カーテンは合成帆布行（P.70）によるもの

台南市美術館2館（P.30）や國定古蹟台南地方法院（P.32）から近い

旅のスタイルに合わせて自在に楽しめる

## U.I.J Hotel & Hostel
## 友愛街旅館

ユー.アイ.ジェイ ホテル ＆ ホステル
ヨウアイジエリュウグワン

個室タイプとドミトリータイプがある複合型ホテル。チェックイン時、台南に関する書籍を借りられる。24時間営業の「物物書BBBooks」、文化交流のスペース「你好沙龍」などのほか、不定期で台湾カルチャーを発信するイベントも開催している。

▶ **Map** P.122-B3

住 中西區友愛街115巷5號　電 06-221-8188　料 ⑤3410元〜、⑩750元〜（税＆サ込み）　Card AJMV　交 台鐵「台南」駅前站の北站から19バスで約6分、「林百貨」下車徒歩約3分

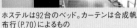

安らぐいい香り♡

アメニティはAesop。バスタブ付きでくつろげる

アンティーク家具が配された3階の共有スペース

## 赤崁樓

コスパ抜群！かわいいミニホテル
### 小南天生活輕旅
シャオナンティエンションホアチンルウ

赤崁樓からほど近い、少人数に最適なホテル。優しい光が注ぐナチュラル空間が心地よい。アメニティは台湾ブランド「Reise」で、ドライヤーは「Dyson」。ランドリーも完備。安全性の関係で12歳以下の宿泊は不可。

1 樓中樓2370元。コンパクトなメゾネットタイプでバスタブ付き　2 自転車を無料で利用できる

**Map** P.123-D1

住 中西區忠義路二段158巷74號　TEL 06-223-1666　料 S1288元〜・W1488元〜、T2500元（税&サ込み）　Card AJMV　交 台鐵「台南」駅前站から徒歩約11分

## 安平

こだわりのデザイナーズホテル
### 時驛精品旅館
シーイージンピンルウグワン

スタイリッシュな6つの客室は、ポップな天井が特徴的な「Fantasy」、タイルがかわいい「Evolve」、ウッド調で落ち着く「WabiSabi」などデザインが異なる。照明や家具はスペインやイタリア製で、アメニティは「AVEDA」。

1 Fantasy5000元。非日常を味わえる　2 現代的デザインの外観。朝食は台湾風か洋風を選べる

**Map** P.118-B2

住 安平區慶平路117號　TEL 0966-708-701　料 W・T2700元〜（税&サ込み）　Card JMV　交 台鐵「台南」駅前站の南站から14バスで約17分、「慶平路」徒歩約1分

## 台南駅前站

台南駅前にオープンした新ホテル！
### 禧榕軒大飯店
シーロンシュエンダーファンディエン

2022年10月オープン。落ち着きのある和モダンの内装。朝食は「榕廷百匯餐廳」にて、地元の契約農家から届けられる旬食材を使ったビュッフェを楽しめる。台湾ウイスキー「Kavalan」を使った牛肉湯や虱目魚肉燥飯は必食！

1 經典客房9800元。アメニティはフランス製の「PASCAL MORABITO」　2 台南唯一の屋上庭園プールがある

**Map** P.121-C1

住 北區成功路28號　TEL 06-222-2188　料 9800元〜、T1万2800元〜（税&サ10%）　Card AJMV　交 台鐵「台南」駅前站から徒歩約6分

## 台南駅後站

台南後站の目の前にある5つ星ホテル
### シャングリ・ラ ファーイースタン 台南
シャングリ・ラ ファーイースタン タイナン

円形高層ビルの上階にあるラグジュアリーホテルだが、宿泊料金はリーズナブル。無料で利用できるジムや屋外プール、資生堂が手がける「Qi 資生堂サロン＆スパ」もあり、ホテルライフを満喫したい人におすすめ。

1 スーペリアルーム6900元。全330室　2 台南で一番高い建物。手前は、台南公園(P.47)

**Map** P.121-C2

住 東區大學路西段89號　TEL 06-702-8888　料 W・T3783元〜（税&サ15%）　Card ADJMV　日本語　交 台鐵「台南」駅後站から徒歩約1分

## 小西門

台南カルチャーを体感できるホテル
### シルクス プレイス台南
シルクス プレイスタイナン

台南孔子廟(P.12)をコンセプトに、モダン要素を取り入れた5つ星ホテル。各種台湾茶を味わえる「T Bar」のほか、朝食は「ROBIN'S」もしくは「水晶廊」でビュッフェを味わえる。屋外プール、ジム、キッズルームも完備。

1 ジュニアファミリースイート1万1550元（朝食付き）　2 伝統とモダンが融合するロビー

**Map** P.120-B3

住 中西區和意路1號　TEL 06-213-6290　料 W6710元〜（税&サ込み）　Card ADJMV　交 台鐵「台南」駅前站の南站から1バスで約7分、「小西門」徒歩約4分

部屋のタイプ：S シングル、W ダブル、T ツイン、D ドミトリー

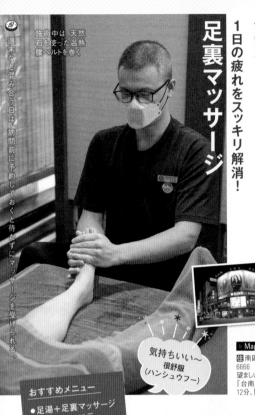

施術中は、天然石を使った温熱腰ベルトを巻く

週末など混み合う日は、訪問前に予約しておくと待たずにマッサージを受けられる。

# 足裏マッサージ

## 1日の疲れをスッキリ解消!

台湾発祥といわれる足裏マッサージ。
安心して身をまかせられる優良店で、
足ツボを刺激し、リンパの流れを促進して
1日の疲れをリセットしよう!

足湯からスタート。血行促進や安眠効果もあり

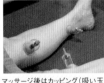

マッサージ後はカッピング(吸い玉)をしてくれる!

施術後は白キクラゲの養生スープ、菓子、お茶をいただく

広々とした店内。掃除が行き届いた清潔な空間でリラックス

気持ちいい〜
很舒服
(ハンシュウフー)

### おすすめメニュー
● 足湯+足裏マッサージ
　30分 …… 400元
● 経路マッサージ
　30分 …… 450元

サービス満点&高品質なマッサージ
### 御手國醫永華旗艦館
ユィーショウグオイーヨンホアチージエングワン

台南に9店舗展開する足裏&経絡マッサージ店。永華旗艦館は、2021年にオープンした。血行促進を行う足湯は、党参(トウジン)や黄耆(オウギ)などの漢方を毎日煮出して作っている。

▶ Map P.120-A3
(住) 南區永華路一段179號　(電) 06-291-6666　(開) 9:00〜翌4:00　(休) 無休　(予) 望ましい　Card JMV　日Menu　交 台鐵「台南」駅前站の北站から19バスで約12分、「水萍塭公園」下車徒歩約1分

## マッサージで使える中国語

● 痛い
很痛(ハントン)

● もっと力強く
請大カー點
(チンダーリーイーディエン)

● もっと力弱く
請小カー點
(チンシャオリーイーディエン)

足裏のほか、全身、角質ケア、爪切り、かっさを体験できる

赤崁樓の目の前にある
足裏マッサージ店
### 足松養身會館
### 台南赤崁樓店
ズウソンヤンシェンフェイグワン
タイナンチーカンロウディエン

台湾中南部で展開する足裏マッサージ店。漢方足湯は、睡眠改善、美容、目の疲れ&ストレス解消、血液活性化から選べる。全身マッサージは、天然成分のエッセンシャルオイルを使用する。

足裏マッサージは、40分、60分、80分。優秀なマッサージ師が揃う

### おすすめメニュー
● 足裏マッサージ
　40分 …… 700元
● 足の手入れ
　540元

▶ Map P.123-C1
(住) 中西區民族路二段373號　(電) 06- 221-1010　(開) 10:00〜翌1:00　(休) 無休　(予) 望ましい　Card JMV　日Menu
交 台鐵「台南」駅前站から徒歩約16分

# TRAVEL
# INFORMATION

Arrival and Departure.Public Transport.
Security etc.

## 旅の基本情報

入出国、各空港から台南中心部への行き方、市内交通など基本情報を紹介。
便利なアプリもチェックして、安全で快適な旅へ出発！

# 🇹🇼 台湾の基本情報

いざというとき困らないよう基本を確認！

日本からも近く、週末を利用して気軽に行ける台湾。
楽しく安心して旅するための基本情報をチェック。
ビジターさんも、リピーターさんも渡航前にご一読を！

## 基本情報

● **国旗**

通称　青天白日満地紅旗
赤は自由（民権）、青は正義（民権）、白は友愛（民生）で孫文の三民主義を表し、太陽の12個の輝きは十二刻を表している。

● **正式国名**
中華民国（台湾）
Republic of China（Taiwan）

● **国歌**
中華民国国歌

● **面積**
約3万6000km²
（日本の九州ほど）

● **人口**
約2333万人（'23.4）
台南市 185万人（'23.4）

● **首都**
台北 Taipei
人口約249万人（'23.4）

● **元首**
蔡英文 総統
（2023年5月現在）

● **政体**
共和制

● **民族構成**
漢民族約98％。現地で原住民と呼ばれる民族は約2％（本書では台湾の少数民族を尊重し、台湾で呼称されている「原住民」という言葉を使用している）。

● **宗教**
仏教、道教、キリスト教など

## 通貨・レート

● **1元＝約4.4円**
（2023年5月7日現在）

台湾の通貨は、国際的に新台幣・NT$（ニュー・タイワン・ドル）と呼ばれている。単位は、「元」（ユエン）だが紙幣や硬貨には「圓」（ユエン）と表示。紙幣は100、200、500、1000、2000元の5種類、硬貨は1、5、10、20、50元の5種類。

 100 元　　 200 元

 500 元　　 1000 元　　 2000 元

 50 元　 20 元　 10 元　 10 元　 5 元　 1 元

## 電話

公衆電話（公共電話）は、硬貨のほか、悠遊卡やクレジットカードが使用可能で、国際電話もかけられる。町なかで見ることは少なくなったが、駅や空港には設置されている。通話後、残金があれば青いボタンを押すと続けて次の通話ができる。

● **日本→台湾**

| 0033/0061 | ▶ | 010 ※ | ▶ | 886 | ▶ | 最初の0は取る |
|---|---|---|---|---|---|---|
| 国際電話会社の番号 | | 国際電話識別番号 | | 台湾の国番号 | | 相手の電話番号（市外局番と携帯電話の最初の0を取る） |

※携帯電話の場合は「0」を長押しして「＋」を表示させると、国番号からかけられる
※NTTドコモ（携帯電話）は事前にWORLD CALLの登録が必要

● **台湾→日本**　　〈東京 03-1234-5678 にかける場合〉

| 002/009 | ▶ | 81 | ▶ | 3-1234-5678 |
|---|---|---|---|---|
| 国際電話識別番号 | | 日本の国番号 | | 固定電話・携帯電話とも最初の0は取る |

● **現地で**
台南の市外局番は06。本書に掲載した地域はすべて06エリアに含まれるため、台湾から電話をする際には市外局番は不要。

## 祝祭日の営業

台湾では旧正月（春節）、端午節、中秋節などの祝祭日には休む習慣があり、年中無休とうたっている店でも、これらの期間は休む場合がある。臨時休業もあるので、訪問前にお店のInstagramやFacebookをチェックしてから出かけよう。

## 2023年＝民國112年

台湾では、独自の年号「民國」がある。これは辛亥革命後に、孫文が臨時の大統領になり、中華民国が発足した1912年を紀元として制定したもので、西暦マイナス1911が民國の年号。食べ物の製造年月日や賞味期限など、一般的にもよく使われている。

## 両替

### ● 短期旅行なら空港がおすすめ

日本円から台湾元への両替は、空港内の両替所がおすすめ。手数料が低額でレートも悪くない。銀行の両替は、レートはよいが窓口で時間を取られる。ホテル、デパートでも両替できるが、レートが悪いので極力避けたい。両替にはパスポートの提示が必要となる。

## ATM

### ● 台南の町なかで台湾元を引き出せる

24時間利用できるATMは、空港やコンビニにあり、VISAやMasterなど国際ブランドのクレジットカードで台湾元をキャッシングできる。PIN（暗証番号）と利用限度枠は事前に確認を。帰国後に繰り上げ返済すれば、余分な金利を払わなくて済む。

## クレジットカード

### ● 使える場所も増えているが現金持参が安心

ホテルや観光客が多い百貨店や美術館などでは使える場所も増えているが、ローカルグルメやカフェ、昔ながらの小さなショップはほとんど現金のみ。LINE Payを使える店もたまに見かけるが、コンビニは利用不可。クレジットカードとの紐付けやサービス利用国の変更が必要となる。

## 言語

### ● 公用語は北京語。台湾（ホーロー）語も多い

公用語は、国語といわれる北京語で、台湾（ホーロー）語も話されている。北京語は中国で使用されている普通話（北京語）だが、単語や発音は異なることが多い。ホテルの多くは英語が通じ、日本人宿泊客が多いホテルでは日本語が話せるスタッフがいることもある。

## 時差　● 台湾はマイナス1時間

日本との時差は1時間で、日本時間から1時間を引くと台湾時間になる。つまり、日本の正午が台湾では同日の午前11:00となる。サマータイムはない。

## 物価

### ● 外食や交通機関は日本より少し安い

外食は値段の幅が広く、50元ほどのB級グルメも豊富。日用品は日本と同様の値段。

ex.
- ● ペットボトルの水20元〜
- ● タクシー初乗り料金85元
- ● バス18元〜
- ● 外食50元〜

## 日本からの飛行時間

### ● 台北は東京から約3時間30分、高雄直行便もあり！

日本各地から台北への直行便が運航。成田、羽田からは約3時間30分、関空は約3時間。台湾南部の高雄国際空港への直行便も運航しており、成田⇒高雄＝約4時間、関空⇒高雄＝約3時間20分、名古屋⇒高雄＝約3時間20分、福岡⇒高雄＝約2時間50分。2023年5月現在、台南空港の国際線は運休中。

## チップ

### ● 基本的に不要

日本と同じでチップの習慣はない。ある程度のレストランやホテルでは10%のサービス料が上乗せされる。

## 旅行期間

### ● 台南中心部のみは2泊3日、郊外へはプラスα

2泊3日以上が望ましいが、台南中心部のみで行きたい場所を絞り込めば、1泊2日で回ることも可能。

## ビザ

### ● 90日以内の観光は必要なし

90日以内の観光目的で滞在の日本国民は、出国用の航空券か乗船券を持っていればビザは不要。パスポートの残存有効期間は、台湾到着時に滞在日数以上必要。

## ベストシーズン ●3月～4月、10月～11月

はっきりとした四季はなく、長い夏季と短い冬季がある。5月中旬から6月中旬は梅雨。夏は日差しが非常に強く、室内はエアコンが強いので薄手の長袖があると重宝する。台南マンゴーのシーズンは5月中旬から9月頃まで。

突然の雨に備えて折りたたみの傘を持っていこう（5月～9月）

外は暑いけれど室内はエアコンガンガンなのではおり物は必携！（6月～9月）

| | | | | | | | | |
|---|---|---|---|---|---|---|---|---|
| 台南 | 17.8℃ | 18.9℃ | 21.6℃ | 24.9℃ | | 27.5℃ | | 28.9℃ |
| 台北 | 16.6℃ | 17.2℃ | 19℃ | 22.5℃ | | 25.8℃ | | 28.3℃ |
| 東京 | 5.4℃ | 6.1℃ | 9.4℃ | 14.3℃ | | 18.8℃ | | 21.9℃ |

20.9mm 93.8mm 59.7mm 23.7mm 129.4mm 56.5mm 31.1mm 157.8mm 116mm 69.1mm 151.4mm 133.7mm 160.1mm 245.2mm 139.7mm 369.5mm 354.6mm 167.8mm

ベストシーズン

## 1 一月
1/1
**元日**
**中華民国**
**開国記念日**

1月下旬～2月中旬
**旧暦大晦日**
**春節（旧正月1月1日～3日）**
旧暦の1月1日から3日。この期間は、公共機関をはじめ、店もほとんどが休業。大晦日は「除夕」と呼ばれ、家族が集まって夕食を食べる習慣がある。

## 2 二月
2/24（'24）
**元宵節**
旧暦1月15日。湯圓（あん入り白玉）を食べる習慣がある。台南鹽水では爆竹祭り「鹽水蜂炮」が行われる。2024年のランタンフェスティバルは、台南で開催！

2/28
**和平記念日**
二・二八事件を忘れず、平和を祈願するための祝日。

## 3 三月
3/29
**青年節**
1911年のこの日、辛亥革命に先立ち中国の広州で武装蜂起した日。

## 4 四月
4/4
**児童節**
子供の日。

4/4
**清明節**
家族全員で祖先を祀り、潤餅（台湾式生春巻き。南部では春捲と呼ぶ）を食べる習慣がある（'24は4～7日まで連休）。

## 5 五月
5/1
**労働節**
労働節。労働者の祝日。いわゆるメーデー。

5/12（'24）
**母親節**
5月の第2日曜は母の日。

## 6 六月
6/10（'24）
**端午節**
旧暦5月5日。中国古代の詩人、政治家であった屈原が川に身を投げた日。ちまきを食べて、屈原の魂を鎮める。毎年開催されるドラゴンボートレースが見もの。

マンゴーのシーズン

---

## 電圧・電源
110V、60Hz。プラグの形状は日本と同じ。モジュラージャックの形状も日本と同じRJ11タイプが多い。日本の電化製品はそのまま使えるが、パソコンなどの精密機器には変圧器を使用するほうが安心。

## トイレ
中国語でトイレは「廁所」または「洗手間」。下水事情により基本的に使用後のトイレットペーパーは備え付けのゴミ箱に捨てる。公共のトイレはおおむね清潔だが、紙がないことがあるのでティッシュを持参すると安心。

## 郵便 ●日本までの航空郵便送料
はがき…10元～。
封書…13元～。
小包…5kg 920元。EMS（国際快捷郵件）も利用でき250gまで240元。日本までの到着期間は5～7日。

## 水
水道水はそのまま飲まないほうがよい。コンビニやスーパーでミネラルウオーターが安く販売されている。公共の場所では無料のウオーターサーバーが設置されていることも。

月ごとの平均気温と降水量（1991〜2020年）統計（台湾中央気象局／気象庁）

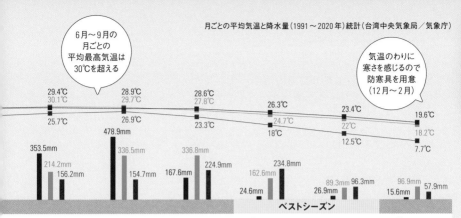

6月〜9月の月ごとの平均最高気温は30℃を超える

気温のわりに寒さを感じるので防寒具を用意（12月〜2月）

| | 29.4℃ / 30.1℃ | 28.9℃ / 29.7℃ | 28.6℃ / 27.8℃ | 26.3℃ | 23.4℃ | 19.6℃ |
| 25.7℃ | 26.9℃ | 23.3℃ | 24.7℃ / 18℃ | 22℃ / 12.5℃ | 18.2℃ / 7.7℃ |

353.5mm 214.2mm 156.2mm / 478.9mm 336.5mm 154.7mm / 167.6mm 336.8mm 224.9mm / 24.6mm 162.6mm 234.8mm / 26.9mm 89.3mm 96.3mm / 15.6mm 96.9mm 57.9mm

ベストシーズン

## 7 七月

学校では夏休みが始まる。7月から9月にかけての時期にあたる旧暦7月は、台湾では「鬼月」と呼ばれ、旅行や海遊びを避ける傾向がある。

ライチのシーズン

## 8 八月

**8/22（'23）**
**七夕情人節**
旧暦7月7日。台湾のバレンタインデイ。

**8/8**
**父親節**
父の日。88（バーバー）と中国語のお父さんの発音が似ているため。

**8/30（'23）**
**中元節**
旧暦7月15日。死者の魂を送り迎える。

## 9 九月

**9/29（'23）**
**中秋節**
旧暦8月15日。1年で最も美しい月が見られるといわれる。月餅を食べ、月を観賞する。屋外で焼肉をする習慣もある（'23は10/1まで連休）。

## 10 十月

**10/10**
**国慶節（双十節）**
中華民国の建国記念日。総統府前で盛大なパレードが催される。最大の国家行事ともいえる祝日（'23は7〜10日まで連休）。

**10/25**
**光復節**
日本が台湾統治を放棄し、台湾が中華民国国民党政府に接収された日。

## 11 十一月

**11月上旬**
**台南城市音樂節**
著名アーティストによるコンサートが開かれる。

**11/12**
**国父生誕記念日**
中華民国建国の父、孫文の誕生日を祝う。

※赤色の日付は休日

## 12 十二月

**12/25**
**行憲記念日**
中華民国憲法発布の日。クリスマスツリーが飾られ華やかに。

**12/31**
**カウントダウン**
大晦日はカウントダウンパーティが行われ、花火が打ち上がる。

# インターネット

ホテルやカフェでは無料Wi-Fiを使える場所が多く、鉄道駅などでは無料Wi-Fiサービス「iTaiwan」が利用できる。散策でGoogle Mapsを使う人は、空港でSIMカードを購入しておくと安心。

WI-FI PASSWORD
checkout 911

# 喫煙

レストラン、ホテルを含む公共の場所での喫煙は法律で全面的に禁止されている。違反すると罰金1万元が課せられる。原則として決められた喫煙スペースや屋外では喫煙できるが歩きたばこは禁止。台湾への電子たばこの持ち込みは禁止されている。

# マナー

台湾の人々はお年寄りや小さな子供を連れた人がいると、電車やバスの座席を譲る人が多い。日本語を聞き取れる人もいるので、言葉がわからないと思って失礼な発言はしないよう気をつけよう。

# 台風

台湾では夏から秋にかけ頻繁に台風が襲来。外出が危険と予想された場合は、「停班停課」となり、通勤や通学が停止となる。レストランなども休む場合が多い。「停班停課」の判断は前日に市、県ごとに行われる。

# 台湾入出国

台湾の入国審査は驚くほど簡単。
入国カードは機内で配られるので記入しておこう。
日本への帰国時には持ち込みが制限されている
食品もあるので、おみやげ購入の際は注意を。

## 日本から台湾へ

### 1 台湾到着

飛行機で台湾に到着したら、まずは検疫カウンターを通り、入国審査（入國審査／IMMIGRATION）のブースへ向かう。

### 2 台湾入国審査

日本人は「特非中華民國護照旅客」という表示がある外国人専用カウンターへ進む。パスポートと入国カードを審査官に提示し、入国スタンプを押してもらう。入国カードをオンラインで済ませた人は、「Online Arrival Card」と伝えればOK。

### 3 荷物受け取り

案内板で搭乗便の表示があるターンテーブルで搭乗時に預けた荷物を受け取る。万一荷物がなかった場合や破損しているときは、荷物引換証（バゲージクレームタグ）を持って係員に申し出る。

### 4 税関審査

申請するものがない場合は緑のカウンター、ある人は赤のカウンターで申告。免税で持ち込めるものは右記の表でチェック。

### 5 到着ロビー

ツアーの場合、現地ガイドが名前を書いたボードを持ってお出迎え。個人旅行者は、交通手段を確認し、移動。

## 機内持ち込み制限

### ● おもな制限品

**刃物類（ナイフ、ハサミなど）**…持ち込み不可　**液体物**　容量制限あり
**喫煙用ライター**　ひとり1個のみ　（機内預けの荷物に入れるのは不可）

※100ml以下の容器に入った液体物（ジェル類、エアゾール類含む）で、容量1ℓ以下の再封可能な透明プラスチック袋に入れられている場合は持ち込み可。

## 入国カードの記入例

① 姓（ローマ字）
② 名（ローマ字）
③ パスポート番号
④ 生年月日
⑤ 国籍　⑥ 性別
⑦ 入国時の便名
⑧ 職業
　会社員：Employee
　学生：Student
　自営業：Proprietor
　主婦：Housewife など
⑨⑩ビザを取得した場合話
⑪ 日本の住所
⑫ 台湾滞在中の住所
⑬ 旅行の目的
⑭ パスポートと同じサイン

## オンライン入国カード

日本国内でオンラン入国カードを記入・申請しておくと、機内での記入は不要。
**URL** niaspeedy.immigration.gov.tw/webacard/

## 台湾入国時の免税範囲

| | |
|---|---|
| たばこ | 20歳以上1人紙巻きたばこ200本、葉巻25本またはたばこ製品1ポンド（約450g）まで |
| 酒類 | 18歳以上1人1000mlまで |
| 外貨 | 1万US$相当以下 |
| 台湾元 | 10万元以下 |
| 有価証券 | 1万US$相当以下 |

### ● 機内預け荷物重量制限

チャイナエアラインの場合、原則として重量の合計が20kgを超えないこと（エコノミークラス）。超過料金は、航空会社や路線、クラスなどによって異なる。

※電子たばこ（加熱式たばこ）、コピー製品、真空パックされていない生鮮食品や果物、動植物製品などは台湾への持ち込みが禁止されている。

## 税金還付制度（TRS）について

外国籍の旅行者を対象に、税金還付マークが貼られている同一店舗で1日2000元以上購入し、その商品と90日以内に出国する場合、税金5%分の還付金額から手数料を差し引いた金額が払い戻される制度。購入金額が4万8000元以下の場合、購入店の手続きカウンターで当日税金が還付される（要パスポート）。それ以外の場合は還付明細申請表を発行してもらい空港の税還付カウンターで未開封の商品を提示し、手続きを行う。自動税金還付機「KIOSK」でも申請が可能。

詳しくは URL www.taxrefund.net.tw/ttr　トールフリー TEL 0800-880-288

# 台湾から日本へ

## 1 税金還付制度（TRS）手続き

税金還付制度を利用する人は、空港内の「海關及外籍旅客退税服務台」へ行き、パスポート、航空券（eチケット控え）、申請書、購入品、レシートを提示し還付を受ける。

## 2 植物検疫

パイナップルは台湾政府機関の検査証明書があれば日本へ持ち帰れるが、台湾空港内の動植物検疫カウンターにて確認（高雄国際空港は3日前までに要予約）してもらい許可を取る必要がある。

## 3 搭乗手続き（チェックイン）

航空会社のカウンターで航空券（eチケット控え）とパスポートを提示し、機内預け荷物を託す。クレームタグと搭乗券を受け取る。

## 4 セキュリティチェック

機内持込荷物の検査とボディチェックを受ける。ペットボトル飲料は持ち込めない。

## 5 台湾出国審査

出国審査のカウンターへ向かい、係官にパスポートと搭乗券を提示し、パスポートに出国スタンプを押してもらう。

## 6 搭乗

出国エリアに免税店やレストラン、カフェなどがある。台湾元が残っている場合は、銀行で再両替が可能。買い物や食事をしていて、搭乗時間に遅れないように、早めにゲートに向かおう。

## 7 帰国

機内で配布される「携帯品・別送品申請書」を記入し、日本の空港の税関審査で提出した後、到着ロビーへ。入国手続きオンラインサービス（Visit Japan Web）で事前に税関申告をウェブで行うことができる。 URL vjw-lp.digital.go.jp/ja/

## 携帯品・別送品申告書の記入例

● A面　　　　　　● B面

## 日本入国（帰国）時の免税範囲

● 税関 www.customs.go.jp

| | |
|---|---|
| 酒類 | 3本（1本760mℓ程度のもの） |
| 香水 | 2オンス（1オンスは約28mℓ。オーデコロン、オードトワレは含まれない） |
| たばこ | 「紙巻きたばこ」だけなら200本、葉巻だけなら50本、その他のたばこ250g。「加熱式たばこ」だけなら個装等10個 |
| その他 | 20万円以内のもの（海外市価の合計額） |
| おもな輸入禁止品目 | 麻薬、向精神薬、大麻、あへん、覚せい剤、MDMA、けん銃等の鉄砲、爆発物、火薬類、貨幣、有価証券、クレジットカード等の偽造品、偽ブランド品、海賊版ソフトなど |

# 空港から台南市内へ

台湾南部の高雄国際空港から台南中心部までは約1時間15分。台湾最大の台湾桃園国際空港や台北松山空港から台南中心部へは効率よく移動したい。

## ● 南部最大の国際空港

### 高雄国際空港（高雄小港機場）
Kaohsiung International Airport　▶Map P.115-A3

高雄市南部に位置する国際空港。日本からは成田、関空、名古屋、福岡、茨城からの直行便がある。成田、関空、名古屋からはLCCも発着する。URL www.kia.gov.tw

タクシー利用時は、客引きをしている個人タクシーではなく、タクシー乗り場から乗車するようにしよう

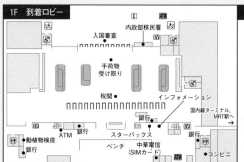

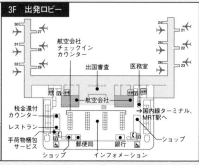

## 高雄国際空港から台南市内へ

### ● MRT or タクシー　▶▶▶▶

高雄国際空港から高雄MRTに乗って約18分、R11高雄車站下車（35元）。または空港から台湾鉄道高雄駅までタクシーで約25分（400元程度）。

### 鉄道

R11高雄車站と直結する台湾鉄道高雄駅から台湾鉄道に乗って最短27分、台南駅下車（106元）。

### ● バス

台南市内と高雄国際空港を約1時間30分で結ぶシャトルバス111路（150元）。2023年5月現在、運休中。

## ● 台南唯一の国際空港

### 台南空港（台南機場）
Tainan Airbase　▶Map P.115-A3

台南市南部に位置する国際空港。コロナ前までは関空からの直行便が運航していた。コロナ後、仙台からチャーター便が運航されたが、2023年5月現在、日本発着の直行便は運休中。
URL www.tna.gov.tw

### 台南空港から台南中心部へ

● **タクシー**　台南空港から台南中心部へはタクシーで約13分（240元程度）。

● **鉄道**　台南空港から紅3バスで約8分、台湾鉄道保安駅に乗り換え約7分、台南駅下車。

● **バス**　台南空港から5延バスで約28分（18元）。

まずは
ゲット！

## まずは交通系ICカードをゲット！

コンビニで購入できる悠遊卡（Easy card）や一卡通（iPASS）は、日本でいうSuicaやPASMOのようなチャージ式ICカード。台湾鉄道、バス、MRT、読み取り機のあるタクシーをはじめ、コンビニ、スーパーの全聯、ドラッグストアの康是美などでも使用できる。

### ● 台湾最大の国際空港

# 台湾桃園国際空港（桃園國際機場）
Taoyuan International Airport　▶ Map P.115-B1

台北から西へ約40km離れた桃園市に位置する台湾最大の空港。日本各地からの発着便も多数で、LCCも運航。

URL www.taoyuan-airport.com

### 台南へのベストルート

**桃園空港MRT**
台湾桃園国際空港と台北駅を結ぶメトロ。快速車（快速）と普通車（各駅停車）があり、料金は同じ。台北駅方面とは反対方面の列車に乗車し、「高鐵桃園站」駅で下車する（約19分、25元）。

**高鐵**
桃園空港MRT直結の高鐵（台湾新幹線）に乗り換えて約1時間22分（1190元）、「高鐵台南」駅へ。隣接する台湾鉄道沙崙駅から台南駅まで約24分（25元）。

### ● 台北のメインステーション

# 台北駅（台北車站）
Taipei Main Station

台北の中心部にあるメインステーション。台湾鉄道、高鐵、バス、MRTが乗り入れており、ここを起点に地方へ旅立つ人が多い。駅弁も豊富なので出発前に購入し車内で食べるのもおすすめ。

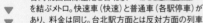

### 台南へのベストルート

**高鐵**
高鐵に乗って約1時間22分（1350元）で高鐵台南駅へ。隣接する台湾鉄道で台南駅へ。

### 台南へのそのほかのルート

**台鐵**
台北駅から台南駅まで約3時間12分（738元）。

**高速バス**
台北轉運站バスターミナルから國光客運1837台南行きバスなどで、約4時間30分（430元）。　URL www.kingbus.com.tw

### ● 台北の街なかにある空港

# 台北松山空港（台北松山機場）
Taipei International Airport　▶ Map P.115-B1

台北市北部に位置するアクセス至便な国際空港。日本からは羽田発の便が発着している。

URL www.tsa.gov.tw

### 台南へのベストルート

**MRT**
台北松山空港に直結するMRT文湖線「BR13松山機場」駅から約6分、「BR10／BL15忠孝復興」駅でMRT板南線に乗り換え約6分、「BL12／R10台北車站（台北駅）」で下車する（25元）。

**高鐵**
台北駅から高鐵に乗り換えて約1時間22分（1190元）、「高鐵台南」駅へ。台湾鉄道に乗り換えて台南駅へ。

2階にはスタバやレストランもある♪

## 台南中心部へは高鐵台南駅から在来線に乗り換える！

高鐵の台南駅は中心部から離れているため、高鐵台南駅に隣接している台湾鉄道の沙崙線に乗り換える。台湾鉄道沙崙線沙崙駅から約23分、台南駅で下車する。

窓の外は田園風景

# 🔔 🇹🇼 台南市内の交通

台南の主要公共交通機関はバス。
YouBikeという自転車シェアサービスも普及している。
タクシーも上手に活用すれば、行動範囲が広がる。

## 慣れれば安くて便利！
## バス（公車） 主要路線図 ▶Map P.124

バス路線は複雑だが、▶Map P.124 の路線図と、Google Mapsや大台南公車アプリを併用してコツを覚えれば便利に利用できる。特に郊外へ行くと、タクシーが少ないエリアも多いので、バスの乗り方をマスターしておこう。

### ●料金

台南の市バスは「段票制」という料金体系を採用している。バスの路線を大きな段（ブロック）に分け、段をまたがって乗車すると2段分の料金を支払うシステム。一段は18元。
※2023年12月31日まで、ICカードを利用すると、幹/支線バスの基本距離8km以内の初乗運賃は無料になる。

### ●注意点

現金の場合、小銭は出ない。運転手によって運転が荒いので、乗車したらすぐに手すりをつかむようにしよう。台南はバイクが多いので、乗車時と降車時は必ず左右を確認しよう。

### ●バスの種類

台南中心部から郊外まで走る市バスのほか、台南中心部の観光地を巡る台南雙層巴士 Tainan Sightseeing Bus、主に郊外の観光バス台湾好行などがある。台南雙層巴士と台湾好行は休日のみ運行となっているので要注意。

台南雙層巴士 Tainan Sightseeing Bus
URL www.tainansightseeing.com.tw
大台南公車
URL 2384.tainan.gov.tw

### ●便利なアプリ
### 『大台南公車』

台南市バスの運行状況や、乗車するバスがあと何分で到着するのかを確認できる。付近のバス停、運賃も検索可能。日本語対応している。

## ● 乗り方

**1** 時刻表はないが、乗車するバスがあと何分くらいで到着するかは Google Maps、台南市バス（大台南公車）のサイトやアプリで確認できる。バス停の電光案内板にもバス到着までの時間が表示される。バスが来たら手を挙げて止める。

**2** 乗車時と下車時に悠遊卡や一卡通（P.109）などのICカードを読み取り機に当てる。現金の場合、お釣りは出ないので注意しよう。

**3** 停車駅の案内が入ったら、日本同様に「停車」ボタンを押して運転手に知らせる。時々 Google Maps で現在地を確認しながら乗車すると安心。

### 台南駅前のバスターミナル

台南駅（前站）にある「火車站」バス停は便利 ▶Map P.121-C1。南站と北站に分かれ、同じ路線でも行き先によってバス停が異なる。台南中心部へは南站の1、R紅幹線、5バス。安平へは2、19もしくは、休日限定の台湾好行99が便利。

### レンタカー＆レンタルバイクの借り方

台南は車が右側通行で、中心部はバイクの数が多く、交通事情に慣れている人でも思わぬ事故に巻き込まれることがある。レンタカーやレンタルバイクをどうしても利用したい場合は十分に注意をして運転をしよう。

● 台湾で運転をするには、JAFが発行している運転免許証の中国語翻訳文が必要。
URL jaf.or.jp/common/visitor-procedures/taiwan
● 台湾でよく見かけるレンタルバイクは、国際運転免許が必要となる場合もある。

## 荷物が多いときや時間短縮に！
# タクシー（計程車） 日本語問い合わせ窓口● 0989-989189

日本に比べると少しリーズナブル。目的地まで無駄なく動けて、エアコン完備のタクシーはやはり魅力的。慣れない土地で疲れたときに目的地までおまかせできるので休憩にもなる。

### ●料金

初乗り運賃は、1500mまで85元。以降250mごとに5元加算される。時速5km以下で3分ごとに5元加算。深夜料金23:00〜6:00は2割増しとなる。トランク使用で10元加算。旧正月（春節）は50元加算される。

### ● 乗り方

**1** 「空車」の表示が点灯しているタクシーを見つけたら手を挙げて止める。

**2** ドアは自分で開閉をする。乗車したら目的地の住所を見せる。シートベルトは必ず着用しよう。

**3** 到着したら料金を支払い、自分でドアを開閉する。最近はICカードを使えるタクシーもあるが、現金を用意しておこう。

### ●タクシーチャーター（計程車包車）

1時間500元、7時間3000〜4000元程度。必ず事前に交渉し、決めた額は紙に書いてもらっておくこと。日本語でネット予約ができるKKdayも要チェック。 **URL** www.kkday.com/ja/

### ●便利なアプリ
『55688 台灣大車隊』

台湾最大のタクシー会社「台灣大車隊」が運営するタクシーアプリ。登録には台湾の携帯番号が必要となるため、SIMカードを購入している人に限るが、他社に比べてサービスがよく安心して利用できる。Uberは台北では便利だが台南は利用者が少ない。

### ●注意点

深夜にひとりでタクシーを乗るのは避けよう。どうしても乗る必要がある場合は、流しではなくホテルやレストランに配車を依頼するのがおすすめ。

## 中心部をサクッと移動できる
# YouBike（微笑自転車）

台湾を代表する自転車メーカーGIANTのシェアサイクルYouBike。台南市内には2023年2月にYouBike2.0、電動アシスト付きの2.0Eが登場した。会員登録すればICカードで乗車できる。

**URL** www.youbike.com.tw

### ●料金

YouBike2.0は、4時間以内30分ごとに10元。4〜8時間以内20元、8時間以上30分40元。電動の2.0Eは、2時間以内30分ごとに20元。2時間以上40分ごとに20元。

### ● 乗り方

**1** SIMカード（台湾の電話番号）がある人は、キオスクまたはYouBikeアプリにて会員登録を行う。電話番号がない人は、キオスクで「単次租車」へ進み、クレジットカードで借りる。

**2** 会員登録した人は、ICカードを読み取り機に当てるだけで借りられるようになる。

**3** 返却するときは、空いているポールに差し込むだけでOK。

### ●便利なアプリ
『YouBike 微笑單車 2.0 官方版』

YouBikeの会員登録、ステーションの位置情報検索ができるアプリ。会員登録をしていない人も位置情報やレンタル可能台数も確認できるのでダウンロードがおすすめ。

### ●注意点

右側通行であること以外は日本と差異はないが、台湾はバイクが多く、台南中心部はサイクリングロードが整備されていないので気をつけて運転しよう。

ローカル気分を堪能できる

# 台湾鉄道＝台鐵（台湾鐵路）

台湾全土を一周する鉄道路線。全席指定列車以外はICカードを使用可能。週末は混み合うので、予約が望ましい。各駅の駅舎は個性的で、記念スタンプが設置されている。　**URL** tip.railway.gov.tw

### ● 料金

台南駅からの料金は、高雄駅まで自強号で約29分（106元）、後壁駅まで區間車で約51分（67元）、新營駅まで自強号で約22分（87元）・區間車で約55分（56元）、柳營駅まで區間車で約47分（51元）、林鳳營駅まで區間車で約43分（46元）、隆田駅まで區間車で約35分（38元）、善化駅まで自強号で約12分（43元）・區間車で約25分（28元）、新市駅まで區間車で約13分（17元）。

### ● 切符の買い方

駅の窓口、自動販売機、ウェブサイト、悠遊卡や一卡通（P.109）、「台鐵e訂通」アプリで購入する。セブン-イレブンのibonなどコンビニの端末でも購入できる（手数料1枚につき8元）。

### ● 列車の種類

**【座席指定ができる ▶ 自強号・莒光号】**

特急、準特急にあたり、座席指定ができる。予約せずに乗車可能で、空いている席に座れるが、座席指定をした人が来たら席を譲るシステム。
※普悠瑪号、太魯閣号は全席指定

**【座席指定ができない ▶ 區間車】**

各駅停車にあたる。台南市内の移動は區間車が便利。

### ● 便利なアプリ

#### 『台鐵e訂通』

台湾鉄道の時刻表や予約ができるアプリ。予約時にパスポート番号とクレジットカードを入れると切符購入ができる。アプリがあれば発券せずに、QRコードを改札にかざして通れる。

## ● 乗り方

**1** 券売機（日本語対応）で切符を購入する。クレジットカードも利用可能。ICカード利用者は、券売機でチャージができる。

**2** ホーム（月台）へ向かう。何番ホームかは電光掲示板に表示されている。「準點」とは時刻通り、「晩●分」は●分遅れの意味。

**3** 乗車、降車する。改札の使い方は日本と同じ。

### ● 注意点

週末は混み合うので座席指定ができる列車の場合は早めの予約がおすすめ。エアコンが効き過ぎていることがあるので、薄手の長袖があると安心。

---

遠方への移動をスムーズに

# 台湾高速鉄道＝高鐵（台湾高鐵）　**URL** jp.thsrc.com.tw

台湾西部の台北から高雄（左營）を最短94分で結ぶ新幹線。席は座席指定のビジネス車両（商務車廂）、普通車両（標準車廂）、普通車自由席（自由座車廂）の3種類。遅延は少なく、日本の新幹線とほぼ同じ感覚で乗車できる。外国人観光客限定のパスも活用したい。3日間乗り放題の「高鐵3日券（2200元）」、7日間以内の好きな2日間が乗り放題になる「高鐵彈性2日券（2500元）」（事前にオンラインか、代理店で購入し、高鐵駅の窓口で引き換える）。ICカードは使用不可。

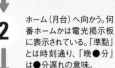

## ● 乗り方

**1** 券売機（日本語対応）で切符を購入する。クレジットカードも利用可能。

**2** ホームへ向かう。何番ホームかは電光掲示板に表示されている。

**3** 乗車、降車する。チケットの磁気面を上にして自動改札機に入れる。

### ● 料金

台北⇒台南は約1時間45分、1350元。左營⇒台南は約12分、140元。台中⇒台南は約41分、650元。自由席は約3%割引。

### ● 切符の買い方

駅の窓口、自動販売機、ウェブサイト、「台湾高鐵T Express行動購票服務」アプリで購入する。セブン-イレブンのibonなどコンビニの端末でも購入できる（手数料1枚につき10元）。

### ● 便利なアプリ

#### 『台湾高鐵T Express行動購票服務』

高鐵の時刻表や予約ができるアプリ。予約時にパスポート番号とクレジットカードを入れると切符購入ができる。アプリがあれば発券せずに、QRコードを改札にかざして通れる。

# 持ち物リストとお役立ちアプリ

台南市は北回帰線の南に位置し、亜熱帯モンスーン気候になる。
一年を通じて温暖で雨が少ないが、紫外線が強いので暑さ対策を。
現地で必携の持ち物とお役立ちアプリをチェック。

## 台南旅行必携5点

### ❶日差し対策

日焼けや熱中症対策に。帽子、サングラス、薄手の長袖、日焼け止めクリーム、汗拭きシートを持っておけば安心。日傘は、雨の日も使える晴雨兼用がおすすめ。現地の日差し対策グッズは豊富で優秀なので、現地でゲットするのもあり。

### ❷虫よけ＆虫刺され

台湾は一年を通して蚊に刺される。植物が多い場所では小黒蚊というミニサイズの黒い蚊に刺されることも。小黒蚊に刺されると強烈な痒みが出る。現地で虫よけスプレーや痒み止めを入手できる。症状が酷い場合は、病院へ。

### ❸エコバッグ

台湾もビニール袋は基本有料のため、エコバッグを持ち歩くようにしよう。旅の途中、ゴミやぬれた物を入れる用のビニール袋も便利。テイクアウト用に保温袋があると完璧。

### ❹歩きやすい靴

歩きやすい靴が一番。新しいものではなく、足になじんだ履き慣れたシューズで行こう。暑い国なのでサンダルを履きたくなるが、長時間歩き回るなら、スニーカーがおすすめ。

### ❺ウェットティッシュ＆ポケットティッシュ

ある程度のレストランを省き、基本的にお手拭きはないので、ウェットティッシュは大活躍。トイレにティッシュがないときもあるので、ポケットティッシュがあると安心。

## 基本の持ち物チェックリスト

●貴重品

- ☐ パスポート
- ☐ 航空券（e チケット）
- ☐ ホテル予約確認書
- ☐ 海外旅行保険証書
- ☐ 現金（円）
- ☐ クレジットカード
- ☐ スマホ

●電化製品

- ☐ カメラ
- ☐ 充電器、予備バッテリー

●洗面用具

- ☐ シャンプー、リンス
- ☐ 化粧品
- ☐ 歯磨きセット
- ☐ 日焼け止め
- ☐ ハンドタオル

●衛生用品

- ☐ ウェットティッシュ
- ☐ ポケットティッシュ
- ☐ 生理用品
- ☐ 常備薬、マスク
- ☐ 爪切り
- ☐ 虫よけ、虫刺され

●衣類

- ☐ 普段着
- ☐ 靴下
- ☐ 下着
- ☐ パジャマ
- ☐ 帽子、サングラス

●その他

- ☐ ガイドブック
- ☐ 筆記用具、メモ帳
- ☐ 雨具
- ☐ エコバッグ

## お役立ちアプリ

### 『Google Maps』

台湾でも大活躍!現在地、目的地までの経路、バス停の位置、YouBike ステーションの位置などを確認できる。日本でダウンロードしておけばオフラインでも使用可能。

### 『Google 翻訳』

台湾の繁体字対応。音声入力、カメラ入力、会話も可能で便利。カメラで中国語を撮影すると日本語に翻訳してくれる。

### 『Easy Wallet 悠遊付』

悠遊卡（P.109）の公式アプリ。残高や使用履歴を確認できる。一卡通の場合は、「iPASS 一卡通」アプリを利用しよう。

### 『中央氣象局 W-生活氣象』

台湾気象局の天気予報アプリ。天気や気温のほか、日出・日没時刻、潮汐なども確認できる。

### 『發票+』

台湾のレシートはくじ付きになっており、当選金額は最高1000万元!レシートの二次元コードをアプリでスキャンする。当選したら3カ月以内に指定金融機関で交換する。

# 🇹🇼 旅の安全対策

台湾南部はのんびりとした穏やかな空気感なので
つい油断してしまいそうになるが無防備すぎるのは危険。
心がけひとつで無用なトラブルを避けることができる。

注意を怠らず
楽しい旅を
満喫しよう

## 治安

治安は良好。日本人だとわかると日本語で話しかけてくれる人も多いが、観光客を狙ったスリ、ひったくり、置き引き、詐欺など観光客を狙った犯罪がないわけではない。混雑する夜市などでは財布を取られないようご注意を。

● **外務省海外安全ホームページ**
URL www.anzen.mofa.go.jp

## 病気・健康管理

夏の暑さは厳しく、紫外線対策や水分補給などの熱中症対策は必須。冷房が過剰なので、屋内外の気温差で体調を崩す人も多い。慣れない旅先なので、あまりスケジュールを詰め込み過ぎず、体調に合わせて臨機応変に過ごそう。

## 海外旅行保険

旅先での不慮の事故や病気のことも考えて、必ず加入しておこう。病院で診察を受ける場合、保険に加入していないと高額の医療費が請求される場合がある。ウェブや日本の空港内にある保険会社のカウンターで加入できる。

## こんなことにも気をつけて！

### ● 交通ルールを必ず守る

台南は道幅に比べてバイクの交通量が多く、突然路地から飛び出してくることもよくある。信号機のある横断歩道を渡るよう心がけ、横断歩道を渡る際は、左右を必ず確認してから、走らず、歩いて渡る。日本と同じ感覚でいると、事故に巻き込まれる危険がある。

### ● こんなタクシーは避けよう

①車体に傷が多い、異様に汚れている。②車内前部にあるはずの運転者登録証がない。③運転手が酒臭かったり、服装が乱れている。トラブルがあった場合は、運転者登録証の名前と番号を記録して、台南市政府警察局外事課（下記）に連絡するようにしよう。

### ● 深夜のひとり歩きは控える

昼間は観光客でにぎわう街も夜になると一変、人通りがなくなり静まり返る。夜はあまり出歩かないほうがよいが、仕方なく夜遅くなってしまった場合は、大通りを歩くよう心がけよう。タクシーに乗る場合は、ホテルやレストランで呼んでもらうほうがよい。

## 緊急連絡先電話番号（台南）

**警察　110**
**救急車　119**

台南市政府警察局外事課
**06-6354531**
（8:00～17:30）

日本台湾交流協会
● 高雄事務所
**07-771-4008**

● 台北事務所
**02-2713-8000**
（9:00～11:30、13:30～16:00）
URL www.koryu.or.jp

### カード会社
● **アメリカン・エキスプレス**
00801-65-1169 ※
● **ダイナースクラブ**
**(81) 3-6770-2796**
（日本へのコレクトコール）
● **JCB**
**(00) 800-0009-0009** ※
● **Master**
00801-10-3400 ※
● **Visa**
0080-1-444-190 ※
※トールフリー（日本語対応）

### 病院
日本語対応可能な病院
● 衛生福利部台南醫院
　06-220-0055（内線 2737）
● 奇美醫院　06-281-2811
　（国際事務室 内線 52940）

### 航空会社
● 日本航空　00801-81-2727
● 全日空　00801-81-4750
● エバー航空　02-2501-1999
● チャイナエアライン　02-2717-1555
● キャセイパシフィック航空
　+81-3-4578-4132
● ピーチ　+81-3-6731-9247
● タイガーエア　02-7753-1088
● スターラックス航空
　+81-3-6822-8700

台湾全図

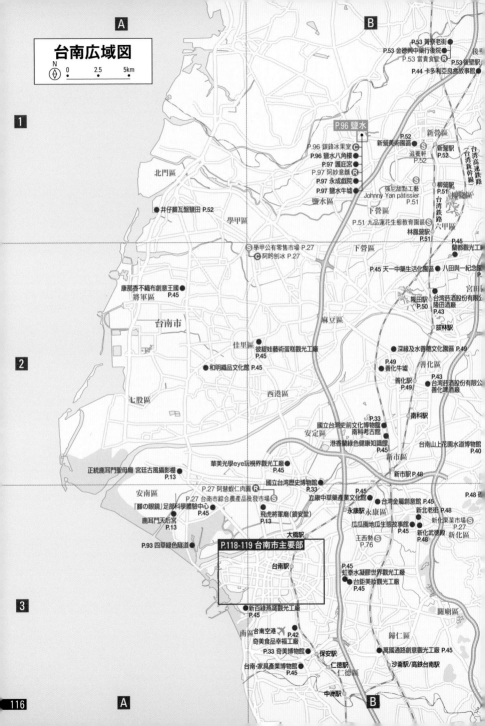

# 台南広域図

N 0 2.5 5km

**A**

**B**

**1**

P.53 菁寮老街
P.53 金德興中薬行後院
P.53 富貴食堂 ⓡ
P.53 後壁駅
P.44 卡多利亞良食故事館

後壁

P.96 鹽水
P.96 銀鋒冰果室 ⓒ
P.96 鹽水八角樓
P.97 護庇宮 ⓡ
P.97 妙金嬢
P.97 永成戯院
P.97 鹽水牛墟

新營區
P.52
新營美術園區
滋養軒
P.52

新営駅
P.52

台湾高速鉄路（台湾新幹線）

鹽水區

強尼甜點工藝
Johnny Yan pâtissier
P.51

柳營駅
P.51

台湾鉄路

北門區

P.51 九品蓮花生態教育園區
林鳳營駅
P.51

六甲區

井仔脚瓦盤鹽田 P.52

學甲區

下營區

P.45 天一中薬生活化園區

P.45 蘭都観光工
八田與一紀念館

學甲公有零售市場 P.27
阿品剡冰 P.27

麻豆區

隆田駅
台湾菸酒股份有限公
隆田酒廠
P.50

宮田

P.43

康那香不織布創意王国 P.45

將軍區

台南市

佳里區

彼緹娃藝術蛋糕観光工廠
P.45

拔林駅

深緑及水善糖文化園區 P.49

善化區

P.49
善化牛墟

**2**

七股區

和明織品文化館 P.45

西港區

善化駅
P.49

P.43
台湾菸酒股份有限公
善化啤酒廠

國立台湾史前文化博物館
南科考古館

南科駅

P.33

安定區

港香蘭綠色健康知識館
P.49

新市區

台南山上花園水道博物館
P.40

華美光學eye玩視界観光工廠 P.45

正統鹿耳門聖母廟 宮廷古風攝影棚 P.13

安南區

P.27 阿慧蝦仁肉圓 ⓡ
P.27 台南市綜合農產品批發市場 ⓢ

國立台湾歴史博物館 P.33

新市駅 P.48

立康中薬産業文化館 P.45

P.45

台湾金屬創genai館 P.45

P.48

「脚の眼鏡」足部科學體驗中心
P.45

鹿耳門天后宮 P.13

飛虎將軍廟（鎮安堂）P.13

永康駅 永康區

永康區

新北老街 P.45

新化果菜市場 P.27

P.93 四草綠色隧道

大橋駅

瓜瓜園地瓜生態故事館
P.45

新化武德殿 P.45
新化區

王西勢 ⓢ P.76

**P.118-119 台南市主要部**

P.45
虹泰水凝膠世界観光工廠 P.45
台鉅美妝観光工廠
P.45

關廟區

台南駅

**3**

新百綠燕窩観光工廠 P.45

台南空港 P.42
奇美食品幸福工廠

萬國通路創意観光工廠 P.45

南區

P.33 奇美博物館

台南・家具產業博物館 P.45

保安駅

仁徳駅
仁徳區

沙崙駅/高鉄台南駅

歸仁區

中洲駅

**A**

**B**

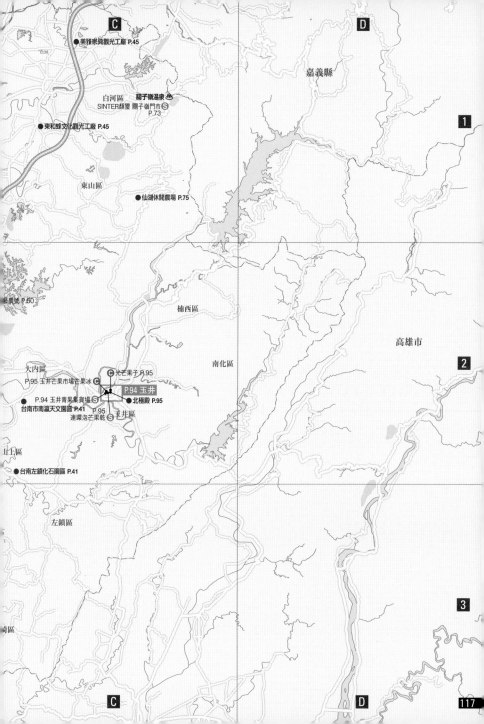

● 美雅家具觀光工廠 P.45

嘉義縣

白河區
SINTER顏墅　關子嶺溫泉 ♨
　　　　　關子嶺門市 ⑤
　　　　　　P.73

● 東和蜂文化觀光工廠 P.45

東山區

● 仙湖休閒農場 P.75

慈農號 P.50

楠西區

南化區

高雄市

大內區
P.95 玉井芒果市場芒果冰
● 　P.94 玉井青果集貨場
台南市南瀛天文園區 P.41
　　　P.95
　　連環泡芒果乾

ⓒ光芒果子 P.95

P.94 玉井

● 北極殿 P.95
玉井區

化區

● 台南左鎮化石園區 P.41

左鎮區

高區

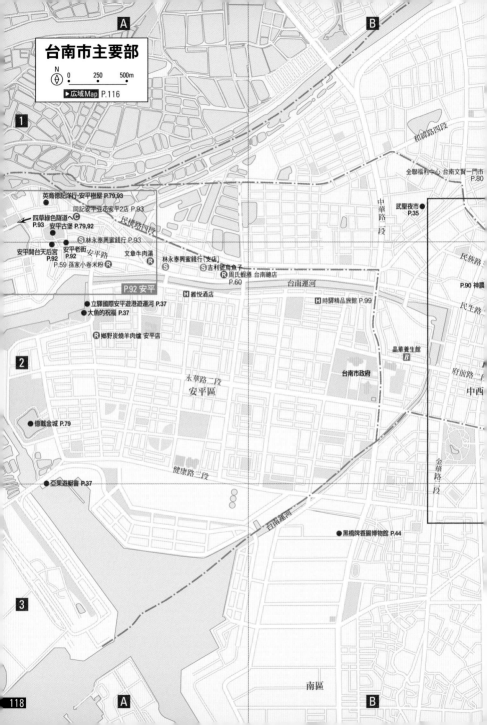

# 台南市主要部

N 0 250 500m

▶広域Map P.116

① 和緯路四段

全聯福利中心 台南文賢一門市 P.80

中華路一段

武聖夜市 P.35

英商德記洋行·安平樹屋 P.79,93
同記安平豆花安平2店 P.93
四草綠色隧道へⒸ
P.93 安平古堡 P.79,92
Ⓢ林永泰興蜜餞行 P.93
安平老街
安平開台天后宮 安平路
P.92 P.92
P.59 孫家小卷米粉 Ⓡ

林永泰興蜜餞行(支店) Ⓢ
Ⓢ吉利號烏魚子 Ⓡ周氏蝦捲 台南總店
P.60
台南運河

民族路一段

P.90 神農

民生路一段

P.92 安平

Ⓗ 維悦酒店

Ⓗ 時驛精品旅館 P.99

● 立驛國際安平遊港遊運河 P.37
● 大魚的祝福 P.37

晶華養生館
Ⓡ

府前路一段

中西

Ⓡ 鄉野炭燒羊肉爐 安平店

② 水華路二段
安平區

台南市政府

● 億載金城 P.79

健康路三段

金華路二段

● 亞果遊艇會 P.37

台南運河

● 黑橋牌香腸博物館 P.44

③

南區

A B

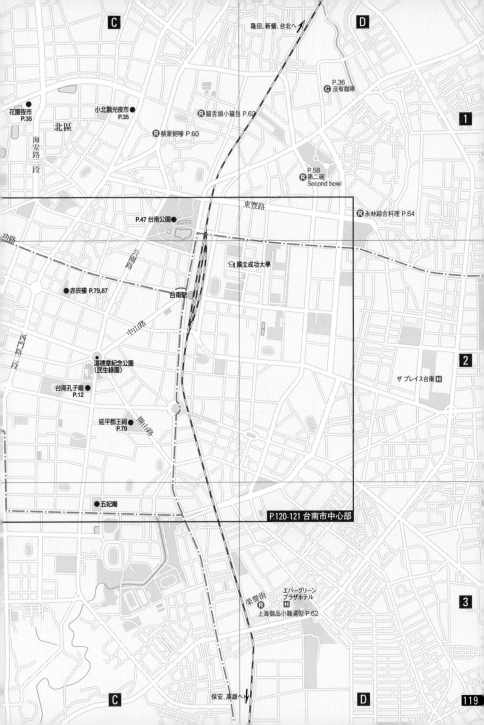

C

D

隆田、新營、台北へ↑

P.36
Ⓒ 沒有咖啡

花園夜市
P.35

小北觀光夜市
P.35

Ⓡ 貓舌頭小籠包 P.62

北區

Ⓡ 蔡家蚵嗲 P.60

1

海安路一段

P.58
Ⓡ 第二碗
Second bowl

功路

東豐路

Ⓡ 永林綜合料理 P.64

P.47 台南公園●

公園路

國立成功大學

赤崁樓 P.79,87

● 台南駅

西門路一段

中山路

● 湯德章紀念公園
(民生綠園)

2

ザ プレイス台南 Ⓗ

台南孔子廟 ●
P.12

延平郡王祠 ●
P.79

開山路

● 五妃廟

**P.120-121 台南市中心部**

榮譽街
Ⓡ
上海御品小籠湯包 P.62

エバーグリーン
プラザホテル
Ⓗ

3

保安、高雄へ↓

C

D

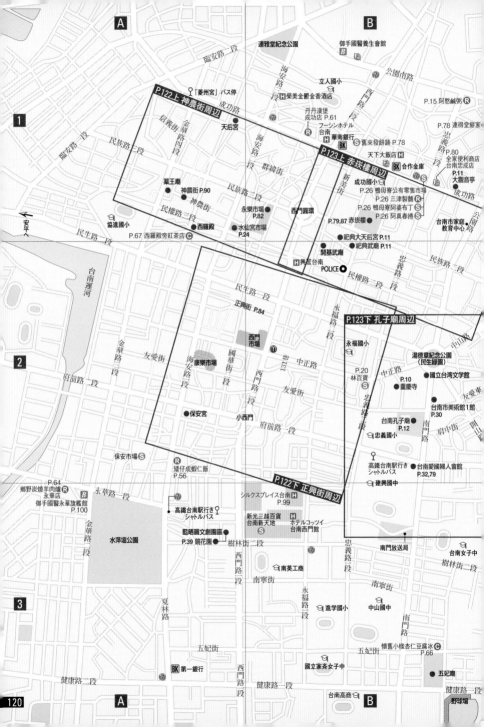

連雅堂紀念公園

御手國醫養生會館

公園南路

P.15 阿憨鹹粥

臨安路一段

海安路

立人國小

成功路

榮美金鑾金香酒店

丹丹漢堡 成功店 P.61
フーシンホテル 台南
華南銀行
BK 舊來發餅舖 P.78

P.78 連得堂餅家

P.80 全家便利商店 台南忠成店

忠義路二段

1

P.122上 神農街周辺

菱州宮 バス停

天后宮

金華路四段

海安路 一段

群裕街

P.123上 赤崁樓周辺

天下大飯店 H

BK 合作金庫

新美街

P.11 大觀音亭

成功路

民族路二段

藥王廟

神農街 P.90

神農街

永樂市場 P.82

西門圓環

成功國小
P.26 鴨母寮公有零售市場
P.26 三津製麺
P.26 鴨母寮阿婆布丁
P.26 阿真春捲

成功路

協進國小

西羅殿

水仙宮市場 P.24

P.79,87 赤崁樓

台南市家庭 教育中心

民族路二段

民生路一段

P.67 西羅殿旁紅茶店 C

祀典大天后宮 P.11
開基武廟
興宮台南 H
POLICE

祀典武廟 P.11

民權路二段

2

台南運河

民生路一段

正興街 P.84

西門市場 M

康樂市場

國華街 一段

131巷

中正路

永福路 一段

友愛街

P.123下 孔子廟周辺

永福國小

P.20 林百貨 S

湯徳章紀念公園 (民生綠園)

中山路

P.10 重慶寺

國立台湾文學館

台南市美術館1館 P.30

台南孔子廟 P.12

忠義國小

保安宮

小西門

府前路 二段

高鐵台南駅行き シャトルバス

台南愛國婦人會館 P.32,79

建興國中

保安市場 S

矮仔成蝦仁飯 P.56

P.64 鄉野炭燒羊肉爐
御手國醫永華旗艦館 P.100

P.122下 正興街周辺

シルクスプレイス台南 P.99 H

南門放送局

台南女子

3

水萍塭公園

高鐵台南駅行き シャトルバス

藍晒圖文創園區 P.39 鏡花園

新光三越百貨 台南新天地

ホテルコッツイ 台南西門館

樹林街二段

南英工商

進学國小

中山國中

樹林街二段

BK 第一銀行

五妃街

國立家斉女子中

懷舊小棧杏仁豆腐冰 P.66

五妃廟

健康路二段

台南高商

野球場

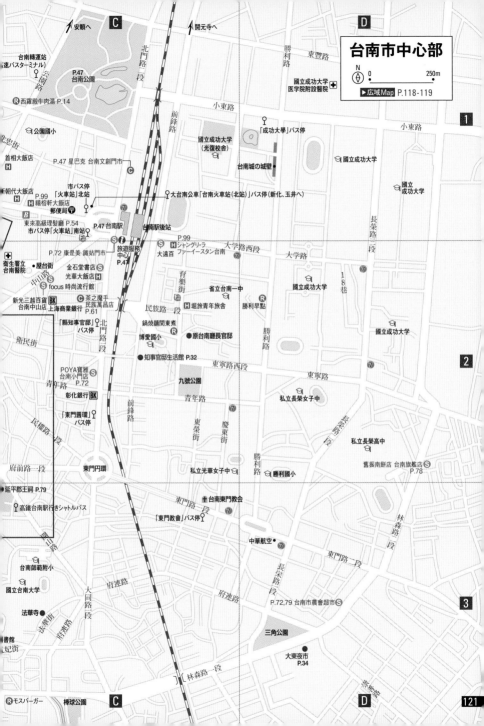

台南市中心部

安順へ

開元寺へ

C

D

N 0 250m

▶広域Map P.118-119

台南轉運站
速バスターミナル

P.47 台南公園

R 西羅殿牛肉湯 P.14

公園國小

上恩街

首相大飯店

P.47 星巴克 台南文創門市

新朝代大飯店

P.99 市バス停「火車站」北站

禧榕軒大飯店

郵便局

東來高級理髪廳 P.54
市バス停「火車站」南站

P.47 台南駅

台南駅後站

衛生署立
台南醫院

P.72 康是美 鐵路門市

屋台街

金石堂書店

光華大飯店

focus 時尚流行館

新光三越百貨
台南中山店

上海商業銀行

茶之魔手
民族萬昌店 P.61

「縣知事官邸」
バス停

北門路
一段

POYA寶雅
台南小門店 P.72

彰化銀行 BK

「東門圓環」
バス停

府前路一段

民權路一段

青年路

東門円環

延平郡王祠 P.79

高鐵台南駅行きシャトルバス

開山路

台南師範附小

國立台南大學

法華寺

書館

妃街

R モスバーガー

棒球公園

北門路一段

前鋒路

小東路

國立成功大学
（光復校舍）

成功大學 バス停

台南城の城壁

國立成功大学
医学院附設醫院

小東路

國立成功大学

國立
成功大學

大台南公車「台南火車站(北站)」バス停(新化、玉井へ)

P.99

シャングリ・ラ
ファーイースタン台南

大遠百

大学路西段

育樂街

省立台南一中

堀旅青年旅舎

鍋燒麵關東煮

博愛國小

原台南廳長官邸

知事官邸生活館 P.32

九號公園

青年路

東榮街

慶東街

私立光華女子中

勝利早點

東寧路西段

勝利
路

東寧路

私立長榮女子中

勝利
路

勝利國小

台南東門教会

「東門教會」バス停

中華航空

三角公園

大東夜市 P.34

大学路西段

國立成功大学

國立成功大学

18巷

長榮路三段

長榮路二段

林森路
一段

長榮路
一段

私立長榮高中

舊振南餅店 台南旗艦店 P.78

東門路二段

P.72,79 台南市農會超市

林森
路一段

前鋒路

佃進路

大同路一段

府連路

長榮路一段

前鋒路二段

東門路一段

1

2

3

C

D

121

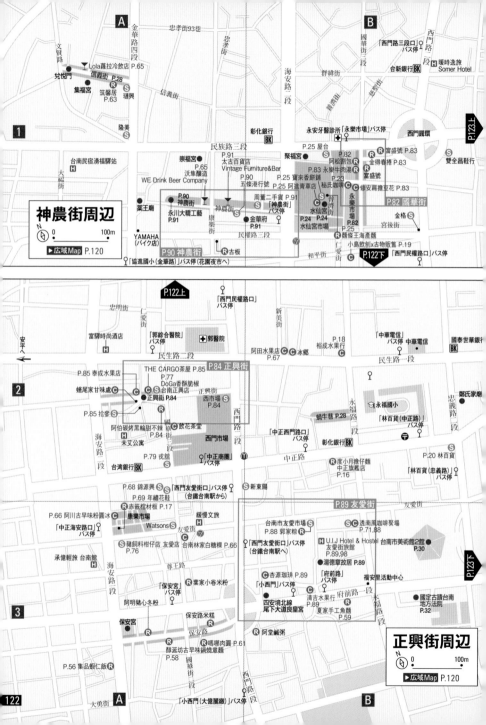

神農街周辺

神農街周辺

▶広域Map P.120

正興街周辺

▶広域Map P.120

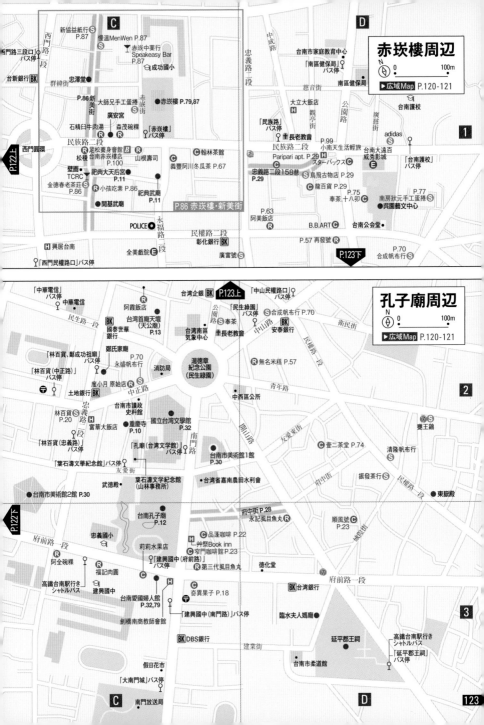

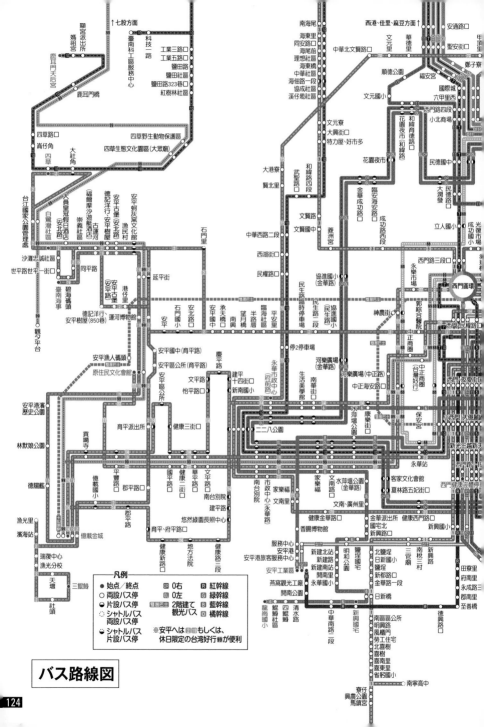

バス路線図

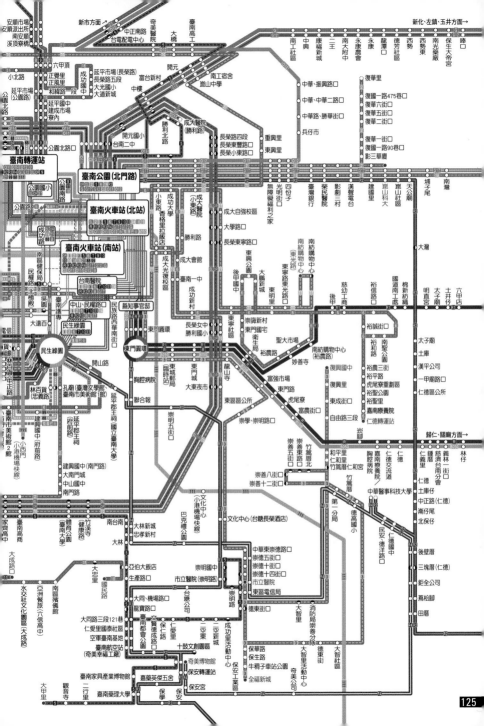

# INDEX

## ● 観光

## STAFF

**Producer**
金子久美　Kumi Kaneko

**Editor / Writer**
株式会社トラベル・キッチン　Travel Kitchen Co., Ltd.
大西稚恵　Chie Onishi
ぬくいゆかり　Yukari Nukui

**Photographers**
大西稚恵　Chie Onishi　● 上原浩作　Kousaku Uehara　● 竹田武史　Takeshi Takeda
写真協力　台南市政府 / ©iStock / ©PIXTA

**Cover Design**
花澤奈津美　Natsumi Hanazawa

**Designers**
株式会社アトリエ・タビト　ATELIER Tabito Co., Ltd.
滝澤しのぶ　Shinobu Takizawa　● 房野聡子　Fusano Satoko　● 三橋加奈子　Kanako Mitsuhashi

**Map**
大野健一　Kenichi Ohno（株式会社ジェオ）　● 近藤麻矢　Maya Kondou（株式会社アトリエ・タビト）

**Proofreading**
株式会社東京出版サービスセンター　嶋田健吾　Kengo Shimada（Tokyo Shuppan Service Center Co.,Ltd.）

**Marketing**
曽我将良　Masayoshi Soga

**Special Thanks**
台南市政府 観光旅遊局　Tainan City Government Tourism Bureau
樂福臺灣廣印社　賴韋如　Ijyo Lai　● 高于捷　Yujie Kao　● 黃芸玟　Yun Wen Huang

著作編集　地球の歩き方編集室
発行人　新井邦弘
編集人　宮田崇
発行所　株式会社地球の歩き方
　　　　〒141-8425　東京都品川区西五反田2-11-8
発売元　株式会社Gakken
　　　　〒141-8416　東京都品川区西五反田2-11-8
印刷製本　開成堂印刷株式会社

※本書は2023年2月〜4月の取材データに基づいて作られています。発行後に
料金、営業時間、定休日などが変更になる場合がありますのでご了承くだ
さい。発行後に変更された掲載情報や訂正箇所は、「地球の歩き方」ホー
ムページの本書紹介ページ内に「更新・訂正情報」として可能なかぎり案
内しています（ホテル、レストラン料金の変更などは除く）。
更新・訂正情報 URL https://www.arukikata.co.jp/travel-support/

●本書の内容について、ご意見・ご感想はこちらまで
読者投稿
〒 141-8425　東京都品川区西五反田 2-11-8
株式会社地球の歩き方
地球の歩き方サービスデスク「Plat 台南」投稿係
URL https://www.arukikata.co.jp/guidebook/toukou.html
地球の歩き方ホームページ（海外・国内旅行の総合情報）
URL https://www.arukikata.co.jp/
ガイドブック『地球の歩き方』公式サイト
URL https://www.arukikata.co.jp/guidebook/
●この本に関する各種お問い合わせ先
・本の内容については、下記サイトのお問い合わせフォームよりお願いします。
URL https://www.arukikata.co.jp/guidebook/contact.html
・広告については、下記サイトのお問い合わせフォームよりお願いします。
URL https://www.arukikata.co.jp/ad_contact/
・在庫については　Tel ▶ 03-6431-1250（販売部）
・不良品（乱丁、落丁）については　Tel ▶ 0570-000577
　学研業務センター　〒354-0045　埼玉県入間郡三芳町上富279-1
・上記以外のお問い合わせは　Tel ▶ 0570-056-710（学研グループ総合案内）

地球の歩き方 P28 ぷらっと
# Plat 台南 TAINAN

2023年7月11日　初版第1刷発行

感想教えて
ください

**読者プレゼント**
ウェブアンケートにお答えい
ただいた方のなかから抽選
でクオカード（500円）をプレ
ゼントします！詳しくは左記
の二次元コードまたはウェブ
サイトをチェック☆

応募の締め切り
**2025 年 6 月 30 日**

URL https://arukikata.jp/baixxd
※個人情報の取り扱いについての注意事項は WEB
ページをご覧ください。

学研グループの書籍・雑誌についての新刊情報・詳細情
報は、下記をご覧ください。
学研出版サイト　URL https://hon.gakken.jp/